发现孩子

FAXIAN HAIZI

米铁聪 著

河南大学出版社
HENAN UNIVERSITY PRESS
·郑州·

图书在版编目（CIP）数据

发现孩子/米铁聪著. —郑州：河南大学出版社，2014.6

ISBN 978-7-5649-1583-4

Ⅰ.①发… Ⅱ.①米… Ⅲ.①儿童教育—家庭教育 Ⅳ.①G78

中国版本图书馆 CIP 数据核字（2014）第139327号

责任编辑 张雪彩

责任校对 李　蕾

封面设计 郭　灿

出版发行 河南大学出版社

地址：郑州市郑东新区商务外环中华大厦2401号

邮编：450046

电话：0371-86059750（职业教育出版分社）

0371-86059701（营销部）

网址：www.hupress.com

制　　版 郑州市今日文教印制有限公司

印　　刷 河南安泰彩印有限公司

版　　次 2015年7月第1版　　**印　　次** 2015年7月第1次印刷

开　　本 710 mm×1000 mm 1/16　　**印　　张** 9.25

字　　数 133千字　　**定　　价** 26.00元

（本书如有印装质量问题,请与河南大学出版社营销部联系调换）

前边的话

孩子的语言是丰富的，也是瑰丽的。如果按照我们成人的语言系统或方式来看，大多数人会说孩子是幼稚的，但我以为孩子的语言是充满诗意和想象力的，他们用自己独特的感受和有限的语言乃至行为与世界进行着积极的沟通。右右两周岁了，在他成长的过程中，我深切地感知着他的言行，很有趣，也很有启示意义。这些应该是孩子带给这个世界最快乐的东西，而我们的快乐也因此多了一番体味和审视。孩子的快乐是能够自然地成长。能做到自然很不容易，对孩子的娇惯不是自然，对孩子的过分宠爱不是自然，太多的引导和规劝也不是自然。我们所拥有的审视也是为了帮助孩子自然地成长，如果审视成了扼杀，就相当于揠苗助长了。

我之所以去记录孩子的童话、童行，就是希望能够帮助他在未来认识自己，这同时也是我们的再认识过程。每个人对自己的认识其实是有限的，如果我们对自己的认识都存在很大的问题，那对其他人和事物的认识就会更片面。其实一个人的一生，应该就是一个不断认识自己的过程。我们每个人的心情、思想、行为、成就无不因我们自身认识的局限而受到深刻的影响。为什么每个人都会乐于与人分享自己童年的过往呢？因为我们对童年经历的感知是独特的。每个人都从童年开始踉跄地认识世界，这个时候是人对世界最为敏感的时期，其间伴有很多的疑问和好奇。人的成长，其实就是在认识的过程中去回答这些问题。因为对于每个人来说，未来世界无数的东西需要我们去认识，也有无数的事情需要我们去面对和解决，能保持对事物的敏锐和好奇是一件不容易的事情，尤其在三十岁以后。在具有开创性的领域里，里程碑式的成就的取得基本都在三十岁左右，过了这个时期，一般就很难了，当然，这是就普遍而言。包括每个人在与人的相处和交往中也是如此，越年轻越真纯，这时的感情只有很单纯的爱憎，没有其他什么想法，越老思想越复杂，利益观念也越重。所以说，孩子的世界是纯净的，他们只是用发自于内心的、自然的喜好做取舍，这也是成年之后的人很难做到的。因而“真”也就很可贵了，原因是它的稀缺。保存一份真，就是在保鲜我们的心灵，这是每个人应该用一生去追求的。中年时能在其他领域取得成就，在很大程度上也是靠年轻时打下的底子。

我的孩子叫“右右”，起这个名字大约是在他一岁九个月的时候。先前姥姥给起了个名字叫“阳阳”，结果发现院子里一大堆孩子都叫“阳阳”（或者是发音相同）。对这个名字我一开始并不赞同，随后就翻《尔雅》，里面的叠音词很多，但也没有中意的。之后，我就叫他“臭臭”，可能是因为小，他对这个名字一点反应都没有，不知道是谁叫谁呢。没反应，慢慢也就不叫了。为什么会在乎孩子的小名呢？因为我在家里排行老四，前面三个哥哥和姐姐都有自己的小名，唯独我没有。听我妈说我是在她带环之后怀上的，看来就没有要我的意思，既然生下了，就留着吧。估计他们也厌倦孩子多了，没什么心思了，所以也就懒得给我起个像样的名字了。小时候，其他伙伴们都有自己的小名，当然也有和我一样按排行称呼的，或是“二子”“三子”“四子”“五子”“六子”以及“七子”。那时邻居家生了十多个孩子，九儿子就叫“九蛋”，前面还有个“八蛋”，姓氏还是王姓。我估计他那当爹的也没有想到会生下“王八蛋”和“王九蛋”。那时，我就感觉这些称呼太平淡不惊了，“九蛋”还好说，因为能排下去这么多蛋的毕竟是少数，像我叫“四子”的就太多了。一个人在一堆孩子里呼唤“四子”，弄不清楚是呼唤谁呢，所以我打小对这个称呼很不满意，再加上“四”后面冠上绰号，就更难听了。那时，有一个同伴的小名叫“钢蛋”，没过两年他妈又生了个“铁蛋”，之后过两年又生下一个，只能叫“铜蛋”了，连起来是“钢铁铜”，很好玩。之后我长大成人了，人们才开始不叫我“四子”改叫我的大名，这似乎是开始顶门立户了。我的大名是家谱里的，所以也没用父母费神。还好老祖宗的家谱弄得不错，不至于让我的名字有雷同的，所以要感谢老祖宗的英明和伟大，连这等小事都做得那么好。我曾看过金庸先生的一干弟兄们的名字，起得真好。《海宁查氏族谱》称，查瑜以下六世，没有严格的字辈排行，自第七世起规定了字辈排行：“秉志允大，继嗣克昌，奕世有人，济美忠良。”他那一代是“良”字辈，再下一代是“传”字辈：“传家孝友，华国文章，宗英绍起，祖德载光。”多好啊！可惜现在子弟们少了，家谱这么好的东西，将来也就不复存在了。

再就是我不喜欢叫孩子“宝贝”，无论从语音上还是字义上来说，我都感觉这个词很暧昧，并不能表达出对孩子的亲昵，何况我们与孩子还有什么暧昧的呢？关于孩子的一些言行，我接下来会在正文里详细记述，这也是一年多时间以来，因为孩子写的第三本书了。

最近右右能略微分清楚你我他了，以前他在地上到处尿尿，我就问他，是谁尿的？他笑嘻嘻地说，爸爸尿的。然后我们笑作一团，他也跟着大笑起来。最近再问他，谁尿的？他先说，右右尿的，隔一会儿又说，是爸爸尿的。意识渐次清晰明白，他也就长大了。长大是一种渴望，也是一种必然。

目录

爸爸，妈妈

右右称呼世界上的第一个人就是妈妈，妈妈是在他出生之后最重要的人。给他哺乳是件很辛苦的事情，他什么时候饿了，就什么时候吃。现在很多年轻妈妈们没奶，只好给孩子喂奶粉，除了考虑“三聚氰胺”，冲的奶粉还得等凉一阵子才能喝，没有哺乳安全、方便。

右右刚生下来的时候，除了睡觉就是吃奶，大小便基本上是不带任何提示性的。他刚生下来时，指甲比较长，拳头一直攥着。对于他的到来，我没有什么特别的感觉，等后来游泳时，才发现他的可爱，眼睛闭着，腿脚在水里不停地扑腾。孩子们喜欢水是天生的，这也从侧面反映了人的品性和水的柔软。过了满月，他就和妈妈回到了姥姥家。他们走的时候，阳台上晾着他的小衣服，走了一个月，我也没有把它取下来。每天回去，看着他的小衣服就想起了他，也正是这个时候，我才对孩子有了感觉。等一个月之后我去接他们的时候，他感觉我是陌生人，然后就号啕大哭。一个月的时间，他长得很快，所以每天要接受称重，看有无惊喜，为此专门给他买了一台秤，另外还备有一条皮尺，以便量长度。初始，感觉他的成长是很奇妙的，对周边事物的感知也是如此。结合我自己，我以为一个人在十二岁之前的成长是很饱满的，也必须饱满，这个阶段是一个人身心俱长的关键和基础阶段。

右右能模模糊糊地叫妈妈是在五六个月的时候。这个时候，只感觉妈妈是唯一与他有密切关联的人。我们做父母时，算是大龄了，所以右右的出生没有让我们感觉到丝毫的羞怯，似乎从他一出生就有了当爹妈的感觉，所以哄他的时候，我们自己就将“爸爸”“妈妈”脱口而出。我哥结婚时才二十出头，一年之后有了孩子，不要说和孩子说出“爸爸”的字眼了，就连抱孩子都是害羞的。这个问题我也思考过，很多人在心理还不成熟时就做了父母，是好还是不好呢？过去中国人在孩童时期就定下了娃娃亲，大多十四五就结了婚，十六七就当了爹妈，所以过去人也就成熟得早，很小就挑起了生活的担子。现在这个年龄的孩子好多还不会自己洗衣服呢，这就是个很严重的问题。早结婚有个好处是可以让人早点成熟，早点懂得责任，但不好的一点是忽略了孩子早些时期的认识，因为还没有能力去认识。过去老祖宗教育孩子的方式，就现在而言很多还是很正确的，比如读训诂启蒙的《三字经》、《弟子规》、《声律启蒙》、“四书五经”等。所谓“训诂”，也叫“训故”“诂训”“故训”“古训”。训，指用较通俗的话去解释某个字义，如人言为信。诂，指用当代的话去解释字的古义，或用普遍通行的话去解释方言的字义。现在很多研究生毕业了，也没有完整地读过这些东西，更不要说烂熟于心了。所以这些人的根底也是肤浅得很，至于书法更不必提及。在过去，因受制于技术的水平，毛笔成为一种书写工具，其实它的简易轻便与现在并无两样。现在来说，书法可以陶冶一个人的情操、锻炼一个人的耐性、培养一个人良好的审美趣味。

“爸爸妈妈”在我们小的时候称为“爹妈”。那时很少有人叫“爸爸妈妈”，一听这样叫，感觉洋气得很。其实这个词是舶来品，“爸妈”发音简单，朗朗上口，又特别适用于婴幼儿的发音练习，所以就流行开来了。在右右发声叫“爸爸妈妈”的时候，能明显感觉到这个词发音的简易，如果叫“爹”难度就大些，何况又“土”得不行，所以现在这样称呼的已经很少了。之后右右叫得很利索了，只要听到我在楼梯的脚步声，他就会叫“爸爸，爸爸”，表现得兴高采烈。一开始我也响亮地答应，后来就改为吹口哨答应，因为响亮地答应会给邻居不好的感觉，似乎只是我有个孩子似的，有点扰邻。右右叫“妈妈”时，一般都是在早晨醒来的第一时刻，饿了也会缠妈妈。如果我下班早一点回家，他就会帮我拿鞋，说，爸爸，圪遛遭，意思是带他到楼下走一走。为了让我带他下去玩，他有时还帮我擦鞋，结果是把他自己擦得全身都是。

姥姥，姥爷

右右还未出生，他的姥姥就和我们在一起了。

一天傍晚，等掌柜的肚子疼的时候，她给我打电话说，有感觉了。当时我在外面应酬，接到电话立刻回去就把他们拉到了医院。到了医院，做了各项检查后，医生说可以生了，并找出各种理由说只能剖腹产。一听剖腹产我就毛骨悚然，因为我对剖腹产很不理解，在我小的时候，听说生孩子的女人基本都是在自己家里完成的。一般女人要生孩子的时候，把窗帘拉起来，“哼呀”一阵子，孩子就生出来了。现在呢，基本是破膛生孩子。这也是改革开放的产物。

为何剖腹产呢？一是利益大，挣钱多；二是简单省事。因为没生过孩子，那就接受他们的劝说吧，然后签了字。一个男医生还信誓旦旦地给我做解释，说，据统计资料显示，剖腹产的孩子将来如何如何好。我不相信这种说法。还有个潜规则就是，要给医生红包，我不吃这一套。掌柜的说，给点吧，不给说不定怎么给你操作刀子呢。为了安抚她，我说可以，之后我拿出一千元并附上我的名片。一个主刀的医生说，钱就不用收了，把名片收了即可，我没有再三推让。然后掌柜的就开始做产前准备了，我则忙于缴费。

在医院生产的时候已是半夜了，因为破膛生孩子嘛，时间由你掌握。但我又一想，我们怎么能随便决定一个孩子的出生呢？这个本是自然的事情，怎么都成了人为的呢？有的人为了个所谓吉祥的日子，提前把自己的孩子鼓捣出来，这又是具中国特色的一个病态现象。在医院时，还听说有丢孩子的事情，所以两位妈妈看守着，怕被人调了包。

产房的护士首先把孩子交给了姥姥，等我见到刚出生的小生命时，他已经被放置在靠近妈妈床边的小车子上了。用我妈的话说，只有巴掌大，头发浓黑也比较长，脸色粉红。就一刹那间，这个小朋友就换了人间。

对我妈来说，她的孙子辈已经一堆了，见多了，所以并不是那么兴奋。姥姥呢，对她来说是第一个孙子，所以很高兴。在回家取一些住院必备的东西时，她一进家门就向岳父热烈汇报。虽然奔波了一个晚上，未合一眼，但仍能感觉到她的兴奋。也正是因为她的兴奋和勤奋，帮我们看孩子两年已经瘦弱了不少。右右长大了，姥姥却衰老了。也正是姥姥的付出，换取了与孩子一生的亲密。我想，孩子将来能刻骨铭记的人也应该是姥姥了，就像我对奶奶的记忆一样，无人可以取代。这样的情感记忆，是无法用言语表达出其中的柔软的。现在我想起奶奶时，还会情不自禁地热泪盈眶。和奶奶在一起的日子是那样的美好，可惜她已经去世十五年了，如果她还健在，我也会背着她到处走走……这一切都成了遗憾。

帮右右写下这段文字，也是想让他明白自己生命中的很多美好和宝贵。其实作为祖父母一辈，他们没有责任和义务为我们照看孩子，这是很多人不以为然的一个认识。姥姥是一位知识女性，从右右出生后，就给他读诗诵文，有时抱着他下楼，就把每一户的对联顺口念给他，现在只要一给他开个头，他就顺下来了。在一些基本的生活细节上，姥姥也教育得很有分寸。姥爷是在一年前退休后过来的，有他们两位老人照看着右右，我很是感激。在一岁以前，右右要是和他们分别上十天八天，就感觉陌生了，不过很快就又会亲密起来。现在没有陌生感了，每天早晨醒来的第一件事情就是光着屁股跑到姥姥的房间，然后一起去菜市场买菜。每天晚上要睡觉了，他也会说，姥姥、姥爷晚安。在他的生命里，姥姥、姥爷是他生活中的重要组成部分。在未来，他是会有深刻的感知的。

拍脑袋

夏天的时候，蚊子多，右右的皮肉嫩，所以蚊子就对他光顾得勤。晚上睡觉，他爱踢被子，所以哪里都被咬。为此换过几种蚊香，有的特别刺鼻，有的无味，无味的更不敢用，此地无银三百两。点蚊香和抽烟没什么两样。之后又准备了电拍子，但是这个用起来还是不方便，需得登高望远。电的时候还得靠近，离上丈八远，也电不住。要是蚊子圪蹴在房顶上，电拍子的作用就小了。最后想了个办法，就是站在蚊子所在的垂直面下，双手把书托住端平，用力一飞，也能偶尔拍住。但因为书的面积大，飞的过程中就起了风，相当于给蚊子摇扇子，结果也不是很理想，并且飞上去的书与天花板一撞击，油墨就蹭了上去。看来什么事都难有万全之策。

晚上躺下了，右右睡得香甜，蚊子的凶狠侵扰不了他甜美的梦，而我就成了他看家护院的师傅。好在蚊子是哼哼地作业，不是悄无声息。但是明明听着蚊子在耳旁飞绕，舒开巴掌用力一扇，扇了自己的脸，蚊子却飞了。扇自己可以，扇孩子，一下就醒了，不只是醒了，还得哇哇哭上半天。

那怎么办？谁还不被蚊子叮几口呢？人要活，蚊子也要活。各活各的，各有办法。这其中的办法就是任由蚊子肆咬，这也是办法之中的办法。

我拍蚊子，右右学会了，要么是拿书拍，要么是匍匐在地上。我说，你趴在地上干吗？他说，蚊子。我问，蚊子在哪里？他说，那儿，那儿。手指是弯曲的，不知是指着哪儿。有一次他看见墙上有个黑点，就说是蚊子，拉着我的手说，爸爸，蚊子。因墙上的黑点比较多，他多认为是蚊子，所以没事儿了就用手拍墙上的黑点，拍得啪啪响。黑点不动，他就说，死了，蚊子死了。

有几次我用书飞拍蚊子，他学会了，于是心血来潮了，就拿起书，飞。问他在干什么，他说是拍蚊子，很多精装书都被他飞得裂开了。飞着飞着，他感觉书好玩，就坐在一边刺啦刺啦撕起来了，目标早作了转移。

再后来有几次看见我在脸上拍或是头上拍，他也学会了。脸上本来粘了一粒米，他说是蚊子，扬起自己的手就是一巴掌。拍完笑嘻嘻地说，拍死了，还伸开自己的手掌让别人看。我问在哪里，他说，死了。他拍自己脑袋的时候，手脚还不是很利索，不会把手舒展开来拍，有时是拳头，有时是手指在脑袋上划拉。

之后，下班回去了，为了逗他，我说，蚊子，然后就轻轻地在他脑门子上拍一巴掌。我拍他一巴掌，他就不停地拍自己，两只手一起拍，拍得不亦乐乎，也拍得认真。有时不拍他，只要说蚊子，哪怕他手里正玩捏一个东西，也会立刻张开他的手，拍脑袋。拍的时候，还要前后左右走一圈。再后来，妈妈说，爸爸头上有蚊子，他就跑过来拍我，啪啪地乱拍，甚至把我的眼镜拍到地上去。

进入了冬季，突然又发现了一个蚊子，在房顶上。他只是看，不飞书了也不拍了，估计是忘了蚊子是个什么东西了。

成年人也拍脑袋，我想大抵与儿童是类似的，瞎拍。

头发的联想

因最近工作忙，和孩子相处的时间少了，其实这都是借口，很难成立。每个人都会有意或无意地寻找一些借口来搪塞自己或是别人，这是人的共性，也是懒惰的表现。懒惰首先体现为思想，然后才是身体。

一日回家稍晚一点，他还没睡。我洗了个澡，他已经钻进了被窝，然后要让我抱抱，摸着我的腿就站起来了，一边摸一边说，头发。好久没听说头发了，他一说，我就想起了他对头发的联想。这次，他是把我的腿毛视作了头发。在以前，他把一切丝状物都称为头发，不论丝状物是什么颜色，比如衣服开了的线，掉在地上的很细的绳子等。他也曾经把我的胡子说成是头发。这些是他对头发概念的延伸。

最近给他看连环画，连环画里含苞的莲，他说是路灯。我说为什么是路灯呢？他就仰着头说，外面有路灯。这个我没有注意，只是知道外面有路灯，至于什么形状没有留意观察过。一天早晨上班，看见院子里的路灯，发现确实和他指的连环画里的莲相似，我这才明白他为什么仰着头一本正经地说外面了。

家里每个屋子的墙上都挂着一面钟，手腕上戴的也是钟。我们经常无意间会问几点了，一般是早上或是晚上。有一次我随口问，几点了，妈妈没答话，他却说，两点了，其实是九点了。他说完，然后仰起头，看钟表。最近，我早晨上班，穿好衬衣后，习惯性地戴表，估计这也没能逃出他的眼睛。他有时会提醒我，爸爸，戴点了吗？我说，戴了。他是把时钟称作点了。我想也对啊，钟不就是点嘛。钟点，亦钟亦点。

可能是天气冷了，自进入深秋，右右基本就不愿意洗澡了，一说洗澡就钻到一个角落里。叫他的名字只是应，却看不见人，再叫还不出来，我就说，小朋友理发吧。他说，爸爸，不理。为了给他理发，还专门购置了一套理发工具。理发是为了让他洗澡。等拿出推子，他就哭开了，哭上几声，很快就破涕为笑，说，爸爸，明天理吧。我说，说话要算数啊。他嗯一声。再问，说明天理吧，一边推着我的手一边说，爸爸，放起来吧。可是等到第二天了，还是这套说辞，没有办法。

一天，我不在，妈妈就给他强行理了。理得不是很匀称，像花狸猫一样，长短不一，估计是哭闹所致。这样在洗头发的时候也就顺便洗了澡，但洗得不是很干净，之后看到他脚后跟有一层黑。

以前，洗澡是件很快乐的事情，现在不知何故，没有快乐可言了。每次理发，对他来说都很痛苦，估计再大点就好了。到那时候，他对理发还会增加新的认识。

不知道在他的内心世界里，这些东西究竟有什么关联。但不可否认的是，其中必然有关联，只是我还未发现而已。类似于此的联想式的称谓还有很多，只是我最近因为关注得少而忽略了。

孩子在童年时期的一切成长，恰恰是不能忽略的，引以为戒，不能再找荒唐的借口了。

一个梦想

最近，我每天晚上回去，右右都会自言自语：一个梦想，两个梦想，三个梦想，千万亿个梦想，以及祝你成功，等等。

在家里，我卡他看电视，在时间上，尽量是能不看就不看，尤其是吃饭时间。现在他能端着碗吃饭了，但是端不了多久，碗就两半了。多数情况下，他是一边吃饭一边看电视，眼睛不知在哪里飘着。在内容上，我也卡，不会让他看电视剧，广告也是选择一些没有什么耳目污染的，所以一般都在新闻频道停留着。

印象中，他在半岁左右的时候，就对天气预报和广告感兴趣了。那个时候他还只是刚会爬，即使躺着，一听到这些，便立马侧身，表现得很兴奋。之后能走动和跑动了，一听到这些，无论在干什么或是在哪个角落，都要及时扭回头或是走过来看看。曾经他为了看天气预报，跑的时候撞上了门框，头上起了一个拳头大的包，但是哭声戛然而起也是戛然而终。再后来，就知道了晴天、雨天等。

对于幼儿看电视，我是极力反对的，尤其是电视剧，更何况现在有些电视剧尺度太大，幼儿不宜。我家里有个小侄女，现在长大了，据我的粗略观察，其受电视不好的影响极深。

家里姥爷爱看电视，一到吃饭时间就顺手打开，我也偷偷地关过几次，于事无补，随后就把频道调了。中央台的新闻频道基本让我满意，至于地方卫视，则不会让他看。中国现在的电视节目，可选择的还是很少，尤其是适合少儿的。很多小孩子从小就受一些不良节目的影响，将来能长成什么样，都是不可估量的。

现在的电视媒体，高质量和负责任的不太多，这也是我不让孩子看电视的主要原因之一。比如一些广告，夸大其词，自吹自擂。从孩子嘴里复述出来的广告词，我也在斟酌，哪些可以给他一些哲思或是意境，但结果不是很让人满意。

右右出生以后，家里到处是书，他随手可以触摸到，所以也撕了不少书。但我感觉，这比看电视要好得多。家里有一摞积攒了十多年的《小说月报》，他可以指着封面上的东西说出个子丑寅卯，什么电脑、镜子、枕头、弟弟、阿姨、表等，也大致不会说错。

就现在的很多家庭而言，没有几个是有藏书的，更不要说丰富了。即使有书，又是些什么书呢？现在的社会环境下教育出的人又会是什么样子呢？

这些问题，都需要做父母的去细心、细致地观察和思考。因为现在的社会积极的东西太少、负面的东西太多，孩子的成长需要一个自由、快乐、纯净的环境。

这就是我的一个梦想。

捅马桶

在我小的时候，使用的是旱厕。旱厕的好处有很多，比如省水、干净，干净是因为使用黄土盖上即可。我记得我一般是一边蹲厕一边看报，看完报纸，也就结束了，然后用几张报纸擦屁股，很是奢侈。进了城，就改用马桶了。马桶有两种：一种是坐式的，一种是蹲式的。十几年前我在上海工作的时候用的还是蹲式的，而且需要排队，不管你多么着急都得等，感觉那也是一段有意义的时光。

最近总感觉家里少些东西，像牙刷、牙膏，还有小朋友玩的小汽车，床下没有，柜子底下也没有，难道是去垃圾桶了吗？不得而知。只是买回去的洁厕剂，三两天就是一桶。原来是小朋友给用来洗马桶了。

一天，马桶不下水了，非但不下，还往外溢。这又是怎么回事呢？结果就在楼道里找到一个疏通马桶的电话，河南人，不到十分钟就到了，戴着口罩，拿着一个竹条编的筐子，里面有几根螺纹铁丝，扛着一台不算大的机器，袖子也不挽，就干起来了。

在师傅清理马桶时，右右看见螺纹铁丝好玩，拉一根就玩起来了，也不管脏不脏。

师傅疏通马桶费了很长时间，说，里面堵了硬东西，先用着，不行就得把马桶拆下来清理。最后师傅要了五十块钱。我说，一天能疏通几个，他说十来个。我说，你的买卖也行啊。他说，还行，只是这营生没人愿意干，有点脏。确实如此，干这行就得不怕脏，放不下身段是干不了的。我想其他行当也是如此。师傅一来，手直接伸进马桶就干开了。我说不戴手套吗？师傅说，戴手套干不成。干完，我说，洗洗手吧。师傅简单冲了一下手，然后就在自己的衣服上擦干了。接着我给了五十块钱零钱，师傅还用指头在嘴上蘸了点唾沫，约略数了一下，之后又从口袋里摸出一张名片，给了我，说，不行了再给他打电话。我说，墙上到处是你的电话，师傅笑了。

我问马桶咋回事，师傅说，估计是孩子往里面塞东西，堵塞了。我恍然大悟，原来找不到的小东西，保准都是这个小朋友扔到马桶，然后被水冲下去了。有一段时间，我发现他经常待在卫生间不出来，反复地摁放水阀。之后又发现，有两三个月，水表走的字数特别多。几个月前，他每天早晚跟着我学刷牙，想办法要刷出泡泡，刷一下泡泡，就要摁一下水冲掉，然后再刷。要是不摁上几下，基本上赶不出来他。有一次我洗马桶，倒了点洁厕剂，用刷子刷，他看见了，之后就自己把瓶盖拧开，直接倒进去，然后用水一冲，感觉蓝色变淡了，就很高兴，直到一瓶洁厕剂倒完为止。他自己拿刷子，感觉有些大，就用牙刷刷马桶，所以牙刷换得不计其数了。

就疏通马桶的事，让我突然想到两点：一是做事的态度，一是做事的营销方式。如果没有墙上随便粘贴的电话，我估计疏通马桶不会是个简单的事情。有时我们很厌恶墙上到处乱贴东西，可是关键时候还真用得着，所以很多事情，我们想不通，只是因为没有遇到而已。任何事，都有无数种解读的方向和理由。另一个是孩子的顽皮，顽皮得让人啼笑皆非。曾经给他买了几十辆核桃大的玩具汽车，现在都找不到了，我想大部分是开进马桶里去了。

长远计划

古语云："人无远虑，必有近忧。"这句话出自《论语·卫灵公》，很多人都会说，但是没几个人能真正将其中的含义吃透。尤其在这个讲究所谓效率的浮躁年代，很多人干事总是"切香肠"，缺乏通盘和长远的考量。所以烂尾事很多，后遗症很多，不可收拾的事也很多，补裤裆返工的事更多。核心问题是，人们在浮躁里长大，没有沉下过心绪认真地干过一件事。人如果活了一辈子都没认真地干过一件事，那岂不白活了？现实中，这样的人比比皆是，做事总期待立竿见影，岂不知在人生的天空里，阴天并不比晴天少，影子见不到就幻化个影子出来，结果离真实太遥远。

我相信十年磨一剑，宝剑锋从磨砺出。没有磨剑的心，就不要干事情，也干不成事情。过去，我们也见过磨菜刀的，斜着眼，磨一下，看一下，你如果等着做饭用刀，那是不可能的。现在磨刀的呢，刺啦几下，几分钟就磨好了，但磨好的刀没过几天又卷了，极不可靠。很多美好的事情都是需要工夫的，没有工夫便不会有功夫，因而现在的人花拳绣腿比较多，这个多了，哄人也就不在话下了。

这些年经历这样的事情不少，干一个工作，很多时候都是到跟前了才去做。试想，这样能干好吗？其实很多事，有的是充裕的时间去精打细磨，可就是不去做，等到跟前了才想起有这回事。这是现代人集体的人格意识扭曲的表现，也是内功虚弱的表现。

现在的父母们要求孩子好好做人，可是自己要先弄明白好好做人的概念，否则怎么能教育得了孩子呢？教育人需要长远的规划，并且每一个事项都需要检点。对于长远计划，得有信，不光是信念，还得有信誉。很多人也讲信誉，但只讲不做，这样的信誉更可怕。所以现在的人都很聪明，其实是奸巧，有了奸巧便没有了敦厚。我以为敦厚是智慧，奸巧才是愚蠢，很多人是把愚蠢当成了聪明。

长远计划在利益面前，一般都是没有自主性的，其实这样的长远计划是虚无的，很怕过了这村没这个店。利益有一个特性是短暂，思考长远利益的人是很少的。这也从侧面反映了一个人信心的不足，信心不足是因为不下功夫，也不愿意下功夫。所以我们就能看到好多人一辈子也没有起色，这其中很多人是有雄心没壮志，志气不强壮，就容易被眼前利益所诱惑。

没长远计划的另一个表现就是和尚撞钟，或是虎头蛇尾。这样的人和事，我也见过不少。这样的人是干不成任何一件事情的，所以我也会拒绝与这样的人来往。这样的人是一种毒瘤，需要远离。同时，我们也要懂得拒绝既得利益，有时看似是挣了，其实是赔大了，这个需要掂量。而教育更是需要长远考虑的，不能以暂时的功利得失去衡量。

人品

一日与几个朋友饮酒论人，也即论人品。那什么是人品呢？我的理解是人的真诚和善良，与之对应的则是人的虚假和恶毒。人品端正的人，完全可以不用担心他的说话方式，哪怕是坦率得近似出口伤人或是出言不逊或是毫无半点说话的艺术，这样的人也绝对能处。反之呢，有些人花言巧语、巧舌如簧，乍一听起来似乎很悦耳，再听则玄妙幽深，这种人不可交。所以交人必先察人品，人品不过关者，绝不可交。在用人上，我亦持此观点。

这么一论，大家都豁然开朗了，原来与人相处就这么简单！

其实就是这么简单。虽然简单，但有的人年过半百了也未必明白，一直茕茕孑立于迷雾的烟锁之中，既苦闷又彷徨。

社会生活越复杂，人品的纯洁度越低，尤其对于那些没有受过良好做人规范的人更是如此，他们对什么人都会防范或是留一心眼。其实心眼多了不是个好事，是自作聪明的表现，这样的人也经常会有螳螂捕蝉，黄雀在后的遭遇。

人品，对一个人来说并结合我的经验来看，远比一个人的能力重要，或者说它是一个人能力的重要组成部分。人品的经营是个漫长的过程，需要长期的砥砺，它的获得也没有任何捷径可走，只能踏踏实实、认认真真地去完成。我们要对自己说过的每一句话、每一个行为负责。能对自己负责的人，才可能对别人负责，这个是一定的。所以通过一些事先了解一个人，看看他对自己是否负责。负责，不只是一种能力，还是一种品格，是人品！

我们在评判别人人品的时候，首先要审视自己的人品。若自己的人品都有问题，就不要去谈论别人，否则便是一丘之貉，或者称之为乌合之众。所以在谈论人品的时候，需要有个参照系，如果流氓遇到流氓，或类似于此，那么他们彼此也会臭味相投、“惺惺相惜”，这样的人品不具备真诚和善良的属性，所以也不为真正的人品。

那人品从何观起呢？从细节着手，我认为天下没有大事，全是小事。观一个人，就从小事观起，这是再好不过的求证之法。但凡做事虎头蛇尾、说话不算数、算计别人、爱占小便宜、想入非非、朝秦暮楚的人，人品皆过不了关，这样的人应远离为好。

我们每个人可能都有很多朋友，用人品这个标尺划一下，你会目瞪口呆，原来这么一划之后所剩无几。而所剩无几的这些人，是你可以用心认真对待的人。

我们每个人的情思和时间、精力都有限，有限的东西创造不出无限的价值。把有限的情思和时间、精力摊得面积越大，与别人的情谊就越薄，那么你对别人的人品和别人对你的人品考察都将会是泛泛的。所以最后你也是乌合之众中的一分子，那你的人品尊价几何，就不得而知了。

对于孩子，我们应将真诚和善良示范给他们。

修养

什么是修养呢？估计很多人不知道，其实我也不知道。正因为不知道，才想去做个探讨。前些时，买了一本朱光潜的《谈修养》，看了看，只能说马虎。对于朱老的美学，我读起来是索然无味，这本《谈修养》还不至于此。我估计这也是修养的问题。

究竟什么是修养呢？从字面上来说，一个是修，一个是养。修是修什么呢？修理行为，因为每个人这棵树，枝枝杈杈太多，除了不美观外还影响主体的发育，所以必须修理，并且修理是个持续不断的过程，因为人的毛病总是很容易偷偷地长出来。养是养什么呢？养性，也即把性情涵养起来，就像涵养水土一样，水和土一起养，才能保持其湿度和黏性。现在的生态系统要么涝极成灾，要么旱至沙化，其实就是个涵养的问题。性情是什么东西呢？是人的态度、脾气、想法、认识，然后就是见地。态度，需要改变才能端正，当然这个是以认识为前提的。认识不到，则永远都不会改变，而认识又是需要多加实践的，实践过程中甚至会碰壁和遇到困难。脾气，需要压制和收敛，不然就是倔驴一头，没有温和之举也无温和之态。想法，需要不断地去完善，完善是需要思考的，就像走路一样，走一走，停一停，不要老是赶路，或者纹丝不动。认识，需要不断地去加深，无论在深度还是宽度方面都需要拓展。见地，就是认识之后自己的主意或是思想了。

没有修养的人，在遇到一些事情的时候，会表现得很粗鄙。有的人装得很隐秘，有的则一眼就可以看出来。没有修养的人，会给人感觉没有厚度、没有沉淀，至于责任、担当、学问就更不用提及了。他们做事时往往压不住阵脚，慌里慌张，至于主意也谈不上，即使有也是歪主意，于事不妥。

做一份工作就应该有相应的职业修养，不能滥竽充数，很多人忽略了这一点，所以让人耻笑。能对得起自己职业的人，并不是很多。一般的行业还不要紧，但教育行业和权力机关的人如果没有修养，麻烦就大了。虽然修养是个综合性的东西，但职业修养是其重要的组成部分。

修养，是个很大的概念，也正因为其大，所以需要一个人用一生去耕耘，而且须是认真的。

一个人，如果有不少人和自己都认为有点修养，那也就真有修养了，但还得慢慢“修”和“养”下去。到人之终老时，修养不仅是一座丰碑，还是一束永远荡逸着芬芳的花，感染和感召着你周围的灵魂。这是一个人一生最有价值的收获。

就年幼的孩子而言，提高修养应趁早，耳濡目染是关键，并要从点点滴滴、细枝末节做起。

逻辑

我是学数学的，好多人说，学数学的人逻辑思维能力强，我觉得这种认识是片面的。因为生活之中到处是逻辑，学数学难道就能提高逻辑思维能力吗？现在很多家长给孩子报奥数班，学习了这个东西，孩子就能聪明吗？

当然，我学的数学是浅尝辄止。

有一次，请我的数学老师喝酒，他现在是数学专业的博士生导师。我说，老师啊，你要学点数学哲学，你的数学才算勉强学了一点点。老师默然不语，任由我胡说兼批评。

逻辑是个外来词汇，来源于古希腊，之后在西欧国家蔓延，传入中国也不过百年而已。逻辑是什么呢？我认为就是做事的次序，用另一个词表述就是秩序，用中国的儒家思维表达则是伦理。所以说，有了宇宙就有了逻辑，也即秩序，数学那是后来的事情。所以说，不学数学，逻辑思维能力照样行，学了也未必一定行。

右右到现在也不知道“一二三四五”究竟是怎么回事儿。问他有几只眼睛，他说，六个或者是五个。问他有几个指头，他说一个或是两个。让他数数字，也是时而间断，但这些掩隐不了他简单的逻辑思维能力。难道逻辑起源于数字吗？不是。逻辑和数字没有任何关系。数学是由数和形组织起来的学科，所以说，数学和逻辑也没有必然的关系。充其量只能说，数学是包含在逻辑的大范围之内的。不要说数学了，就连看似铁马冰河入梦来的文学艺术也是包含于逻辑之中的。

右右在一岁的时候，喜欢玩水。以前玩水是在他的澡盆子里，澡盆子玩不够，就发现了水龙头，可是水龙头够不到啊，于是就发现了小凳子。他把小凳子挪到水龙头跟前，扶着墙，踉踉跄跄地站上去。上的过程中是一手扶墙，一脚上凳子，等一只脚踩稳了，另一只脚就跟着上去，然后一只手找一个吃力的地方，另一只手就触摸水龙头。要是够不着，他就依照站上来的程序，有条不紊地下去，挪得靠近些，再有条不紊地站上来。触摸到了水龙头，就拧开关。开关如何拧，他自己摸索，或是左或是右，拧开了，看着出水的大小来调节开关。水龙头有两个，并排着，一个出热水，一个出凉水，他用手甚至是胳膊感觉温度，直到他感觉合适为止。要是衣服湿透了，他就下来了。下来的时候，有时把开关关上，有时不关，至于凳子就不管了。这整个过程就是一个逻辑过程，我们并没有教他，是他自己感觉或是琢磨出来的。

右右在一岁半的时候，开始端碗吃饭。碗是小铁碗，中间真空，盛上饭不烫手。每次吃饭的时候，给他盛上，但不给他筷子，因为他拿筷子不利索，意思是让他用手吃，但他不干，非得要一双筷子。给了筷子，目标是把饭扒拉进嘴里，但结果往往是连饭带碗扒拉到了地上。结果虽不是很理想，但逻辑没有错。

在吃饭的过程中，他还讲究，要汤喝，那就给他用另一个碗盛上。他接过盛汤的碗，先是嘘嘘地吹，再慢慢地倾着碗，让汤接近他的嘴。若是烫了，表情就奇怪一些，若是温度正好，就吱溜吱溜喝起来。喝完了，把碗往桌子上放，要是不稳，就再把碗往里推。这依然是个逻辑的过程。

快两岁的时候，晚上睡觉就给他准备尿盆子。我们说，小朋友要睡觉了，他就说，尿盆子，然后就让他去卫生间取，取回来搁在床边。要是客厅的灯关了，让他取尿盆子，他就会说，黑。黑，怎么办呢？开灯。怎么开灯呢？他就自己去找凳子，开了灯取了尿盆子，就爬到床上去了。这依然是一个逻辑过程，每一步连着每一步。

这些和数学都没有关系，但照样有逻辑。所以说，真正的逻辑在生活中，而非在数学里，能解几道题不一定就说明逻辑思维能力强。现在的教育要避免进入这样的死胡同。

给孩子读《四库全书》

《四库全书》我陆陆续续买全了，包含各种版本，它基本囊括了中国文化的精华，当然不是全部，何况全部又是什么呢？买《四库全书》的目的有两个：一是自己读，一是将来让孩子读。读什么呢？读文字，读人。

身为中国人，首先要读通中国的文字，然后再说读透。当然读到什么程度，是需要多种因素配合的：一是勤奋，一是认真，一是悟性，一是广博。我分析过，外文卓越的大师都是国学根底深厚的人，学贯了中，再去学贯西，比如辜鸿铭、鲁迅、钱钟书、林语堂、梁实秋等。对于 GRE 和托福考得满分的人，我不以为然，因为这些东西离语言相去还有十万八千里。语言是相通的，就像盖房子一样，重力的作用在美国和中国都一样，只不过重力的加速度 g 的数值在 9.8 左右徘徊而已，因为我们都生活在地球的表层而非地心上。不考虑重力的关键因素，房子都会塌。语言的基本规律犹如重力一样，万变不离其宗，只是换了形式，就像我的房子是泥坯，你的房子是砖头一样，仅是材料不同而已。我学过德语也学过英语，法语也接触过，就是这么个感觉。

读人，是读形色各异的人、古往今来的人，走卒贩夫、帝王将相、美男俊女、君子恶棍都得读，读人的过程是读史也是读哲。文史哲思不分家，分了家就像尸首搬了家。现在有些教师恶行不断，是产业化帮了忙，素质低下，亦复如此。教育的根本目的不是教人知识，而是教人端正、善良，也即人格的熏陶才是教育的根本目的。至于识文断字，拿根树枝在地上划拉就可以。很多书法家，不就是用手指头在空中横撇竖捺嘛，而非四排八稳笔墨纸砚伺候着。右右最近踩着凳子和我学擀面，我说，你抓把面随便玩，用面粉画画写字都可以。

将来他读《四库全书》，我想是趁早读，但不强迫，让他自己有选择地去读。有了兴趣拦也拦不住，到那时“八库全书”他也要不由自主去搜罗地读，兴趣和主动是关键。读着读着，其义自见，可求甚解可不求甚解。他读，我也读，以便相互有个交流。交流也是学习长进的重要方法之一。不能他读你不读，就像现在有些家长，只是让孩子好好学习，他却玩麻将不务正业去了。在他们的眼里，对于好好学习，分数几乎是唯一的标准，这样是教育不好自己的孩子的。

我认为，要想让孩子成人，做父母的需要以身作则树立典范。若你是个钢琴高手，那么让他成为个低手都很难，孩子的成长是需要环境熏陶的。孩子在成长，我们也得要求自己成长，小树往高长，大树往粗憋，这样才能林荫翠翠。

为什么选择《四库全书》呢？就是因为其多为精华，前人有很多卓越的思想，能搬、能套、能用，取之不尽，用之不竭。当然要活学活用，批判地用，为我所用。

然后，再让他拿起毛笔，趁小，把它们写在纸上，一是练习了书法，一是加深了记忆。为什么是拿毛笔呢？因为毛笔软，不好驾驭，浓淡轻重、直侧横卧变化多端，硬笔相对就简单多了。中国字有左右结构、内外结构、上下结构，这些都是规矩和秩序，能练就审美，也能练就心性，益处多多。现在很多人写字歪歪扭扭，我总感觉他们心理有大问题。这算是我的偏见吧，但有时偏见与真理相距不是很远。

垃圾桶

家里每个屋子都有垃圾桶。在右右一岁半左右的时候，我就开始有意让他做一些力所能及的事情，比如扔掉水果核、瓜子皮、卫生纸等。因为我发现，现在很多二十多岁的孩子甚至三十多岁的成年人，鸡毛蒜皮的事还得让父母代劳。这样导致的结果就是孩子的行动能力很差，养尊处优，衣来伸手，饭来张口。更有很多父母感觉这是义务，义不容辞。我想这种怜爱是卑贱的，对孩子的成长是没有帮助的。从做父母的角度来说，这已经走向了歧途。一个孩子自己能做的事，为什么要别人代劳呢？即使是不能做的事，也只能是给予他帮助，而非接过来替他做。

之所以让孩子扔垃圾，也是出于这个目的。孩子一开始干这个工作的时候，是把垃圾扔在垃圾桶的旁边就算完成了任务，然后马上折回来。后来给他示范了几次，他就能扔进去了。还有吃完的瓜子皮，我让他伸出手捧着，他伸出来的却是手背，后来能伸出手心了，让他去扔，但没到垃圾桶之前就都掉完了。之后，就只让他少捧一点，多跑几个来回，直到送完为止，其间他也不会表现出厌烦的情绪。其后，类似的工作都会交给他干，他也乐意干。

可是问题出来了，他感觉垃圾桶是个收纳箱，什么东西都可放置其中。也就是说，垃圾在他的意识里，并不是要扔掉的东西，只是换了一个放置的地方。所以一买回东西，他就忙不迭地往垃圾桶里送，像苹果、蔬菜、纸巾、勺子、豆子等，就连我的手包，他也要送到垃圾桶里去。更有意思的是，一次我们要出门，怎么也找不到钥匙。平时用完都会将它挂在一个固定的地方，可能哪次开了门顺手丢在了沙发上，被他拿起来扔进了垃圾桶。这是后来反复找不到，试着翻垃圾桶才找到的。还好，垃圾并未及时处理，要是处理了，钥匙也就随垃圾而去了。所以后来有一段时间，每次倒垃圾的时候，我们都会把垃圾袋里的东西倒出来，认真过一遍，看有无重要的东西又被他收纳其中了。

再后来，他能略微听懂话了，也不往垃圾桶里任意丢东西了。尤其是夏天，吃完的水果皮屑，他感觉不完整了，或是味道怪异了，于是对垃圾桶的兴趣也就转移了。转移的媒介是家里置备了一个大的收纳箱，可以推着走，他却是当汽车玩，所以一些杂物他就都往收纳箱里放，甚至包括他骑的小电动车，虽然放不进去，但他也要努力一下。

以前是对垃圾桶里的东西感兴趣，现在则是对这个收纳箱感兴趣，每天要倒出来、收进去几个来回。凡是找不到的小物件，大部分都在他喜欢的这个“百宝箱”里。

将来呢，再慢慢告诉他如何分类。因为垃圾是因混杂而成为垃圾的，并非天生就有垃圾。垃圾也是一种认识，就看你如何看待、分类和使用了。

捡饭

孩子们吃饭一般是寓吃于乐，尤其是三岁以下的幼儿。并且孩子们吃饭，以少食多餐为宜。至于零食，尤其是膨化食品，尽量不要吃。如果要吃零食，就多吃水果、核仁之类，捏一颗吃一颗，吃了也玩了。

右右爱吃米饭，吃面条除非是能拉着面条玩。吃米饭的时候，腿、脚、手、脸粘得到处都是。并且吃一顿饭随便走走串串，到处坐坐站站，这样他经过的地方没有不落下米粒的，床上、沙发上、衣服上都有。就连我的毛衣外套，有时坐在办公室的时候，也能偶尔在上面找到他作蹋的痕迹。

一开始他自己端碗吃饭的时候，要是掉下来，我就会让他捡，次数多了，也就不用再吩咐了。他捡起来，放在嘴里或是碗里，我也不反对，反而认为很好。掉地上的，还能吃，用不着担心不干净的问题。

我小时候偶尔大饱口福吃一顿馒头，要是有多余的就烤着吃，馒头上粘的灰和炭也吃了。这是个认识的问题，而非卫生与否的问题。在生活条件越是很好的环境下，人的能动性就越弱。一个年幼的孩子，不能让他从小丧失这个东西。

现在的人们，从孩子到大人，都在无意间的浪费，越丰富就越浪费，这似乎是社会和人发展的一个悖论，所以需要深思。有很多沉积的问题，都是在不起眼中顽强和壮大起来的。

在饮食上，我不会节制孩子，只要是想吃的就随便吃，用不着所谓的营养搭配。因为营养是永远搭配不起来的，人想吃什么大部分是缘于身体的需要和渴望，其远比专家判别来得合理和科学。但是不能浪费，浪费主要是让人心疼，心疼将劳动换来的东西随便丢弃。因为劳动需要时间，丢弃也需要时间，这些行为都需要时间，浪费了它们也等同于浪费了时间。最近不知从什么时候起，我特别感觉时间的宝贵，所以不忍心将其浪费。

我就想，人应该像树木一样，栽在地里，冬季休息，春、夏、秋生长，姿势不改，状态自然轮回。树木没有浪费过时间，人亦应如此。

在孩子捡饭的过程中，其实还存在孩子对食物的占有欲，给他扒在碗里的东西他似乎总嫌少，尽管他吃不完。不过吃不完就是妈妈的事情了，所以几乎每个做妈的，在类似的问题上都显得比较伟大。

但从小不能浪费，这是我对他的要求，还上升不到原则。

鹦鹉学舌

孩子们学说话，是从模仿开始的。我们成年人在某一个领域所取得的成就也基本上是从模仿开始的，并且基本上都是从零开始的。人生就像一张无边无际的网，慢慢往里面填东西，终其一生，也难填尽。我从年初有个计划，就是用十年的时间学习绘画，国画、油画兼涉，这个时间不算长也不算短，需要学习的东西很多。学习的入门参考就是《芥子园画传》，在此书的扉页，我写下了如下的话：研画，十载，渐学渐深，践理相进，估略有识见晕出。此中关要是十载如一日，持之不怠。因为很多东西在之前无认真涉略，所以需从一点一滴累积而起。我想相比宋美龄老态龙钟之时才师从张大千学画，我还算年轻，信心还是满怀的。先从模仿开始，不怕画虎不成反类犬。

孩子学说话也是如此，最初的颠三倒四、词不达意很是正常。有一次右右坐在马桶上，我说臭，他就装模作样地捂住了自己的鼻子。妈妈在旁边说，臭死你爸爸。他也说，臭死你爸爸。妈妈说，是你爸爸。他也说，是你爸爸。究竟是谁的爸爸他弄不清楚。因为对他来说，话语只是话语，与实际内涵是有差别的。何况他这么小，还不到掌握实际内涵的年龄。对他而言，叫爸爸是个随口的事情，也是嘴巴的事情。同样是叫爸爸妈妈，给了我们成年人，感情色彩就不一样了。我注意到一个细节，成了年的人一般是叫“爸妈”，不会叠音叠字地叫，小孩子却不是。我给孩子买的《尔雅》，里面全是叠音字，比如“明明、斤斤，察也”。“尔”或作“迩”，是“接近”“走近”的意思。“雅”字从牙从隹：“牙”指前排上下齿，用于咬文嚼字；“隹”原指尖嘴鸟，在此表示“锥形”；“牙”与“隹”联合起来表示“锥形牙”，即“犬齿”。古人视犬齿为“基准牙”，故“雅”有“基准”“标准”的意思，通“正”。这样，先把符号使用起来，再说含义。

给他读《尔雅》，也读《楚辞》和《声律启蒙》，乃至诗、词、曲，像“云对雨，雪对风，晚照对晴空。来鸿对去燕，宿鸟对鸣虫”，读起来朗朗上口。这些属于过去所谓的“小学”，是符合孩子发音特点的，管他记住记不住，这不是需要现在考量的事情，只要他能鹦鹉学舌，先学着即可。鹦鹉学舌，幼小的孩子就是鹦鹉，慢慢长大了，就长成了自己，到那时想让他鹦鹉学舌都不可能了。

现在的小学，有些则是胡乱教些东西，该教的不教，不该教的瞎教，这些现象是学校和家长两方面的因素织结造成的。我表示有疑义，更表示反对。

中央电视台

右右爱看电视是受声音及色彩的吸引还是有其他原因，我虽进行了相当长一段时间的观察，但还是未能给出一个确定的结论。电视广告绚丽的色彩、夸张的语调、尖锐的声音必定能够吸引小朋友的注意力，但让人不甚明白的是，右右十个月的时候就很喜欢看天气预报和新闻。观察了他好久，这两种节目一开播，他就会放下手中正玩着的东西，全神贯注、目不转睛地盯住电视屏幕，生怕有丝毫的错漏，并且几乎每次都要看完整个天气预报的播报和新闻简要。

最近他喜欢自言自语：中央电视台。不可否认的是，中央电视台在国内来说，制作水平还是一流的，虽然也有很多不尽如人意的地方，但我想这个会慢慢有所改观的，发展的脚步不是谁能阻挡的，其整体台风的严谨和稳重，还是值得赞扬的。可能很多成年人不同意这样的认识，以为缺少活泼的东西，但对于孩子的成长，我认为这个恰恰很重要。因为活泼的东西太多了，反而需要这样的严谨和稳重。对于幼儿来说，过分的活泼并不是什么好事，一味的活泼便自然地会生成没有责任感的嬉皮笑脸。现在社会风气的下降、道德的沦丧，我想恰好与此有极大的关系。老话讲，不稳重，没成色，这都是点点滴滴积累的结果，就像放养惯了的羊，怎么愿意待在圈里呢？其不只需要外在的约束，更需要内心的矜持。

人的一生，其实重要的是练习内心对外界的反应速度。快了不好，慢了也不好。快了缺乏思考的余裕，慢了缺乏行动的敏捷。

对于一个幼儿来说，我不主张其看电视剧，包括动画片。这一切的制作活动，说穿了很少认真考虑过幼儿心理的发育和承受能力。就像现在的小学和幼儿园教师一样，他们很少有人在做这个工作的时候，回忆自己是如何成长的。尽管时代环境发生了变化，但成长的规律基本没什么变化，这也就是人类为什么进化缓慢的原因所在。很多人对儿童是知之甚少的。

在写作此书的过程中，我极力地把自己还原到我童年时候点点滴滴的记忆和感受中去，生怕忽略了一些什么。善于忘记是人类的共性，就像现在的人反思“南京大屠杀”一样，有谁能真切地体会出当时的战栗和恐怖呢？我想，除了亲历者。

正因为如此，一些东西才需要传承，需要老、中、幼三代相互手握着手传承。即使这样，都未必能传承下来。

至于孩子对中央电视台的粗浅感受，我在想，很大程度上取决于我的认识和选择，然后才是对他的影响，因为他还没有主动选择的意识。所以我们做父母的一定要给孩子一个高屋建瓴的视角，但前提是我们要进行深入的思考和细致的观察。

最近，我又捡起了收听广播的习惯。这个对锻炼孩子的耐心和听力也是有好处的，并且还可以激发想象力，因为声音是从喇叭里飞出来的。对于一个幼儿来说，耳朵、眼睛、手脚是需要协调起来的。现在的世界是个视觉的世界，视觉成了人们欲望的饕餮盛宴，只是追求一时的快感，而缺失了韵味的回荡和绵长。

总之，我们要为他们做出经过思考之后的选择，而非盲目和麻木的。

偷跑之阴影

夏天的时候，我们相跟着回到了姥姥家。原计划是回奶奶家，把他留下待上一阵子，奶奶家孙子多，有玩的伙伴。我当初的想法是让大一点的哥哥姐姐带上他疯玩。虽然有七八个，但都比他年龄大，有几个上初中，升学压力大，还得补课，这样其实又没有伙伴了。左想右想还是不合适，因为他自出生以后和奶奶在一起的时间很少，就是让他叫奶奶也不情愿，他和奶奶是有距离感的，所以还是和姥姥走吧。他从出生以后，基本就没有离开过姥姥，每天早晨醒来，首先叫的是妈妈，接着就是姥姥。

选择夏天回去，是因为这个季节的丰沛和茂盛，而且乡下又凉快，对孩子的生理要求不像隆冬季节那么严苛。我们的计划是，不能把他送回去就走，得让他先熟悉一下环境。不过幼儿对环境的适应能力还是比较强的，其实也是由于他对新环境的分辨力还不是很强所致。

送他们回去，我当天就返回了。听妈妈说，我走了之后，他一直在找我，到天黑了还没找到，就哇哇大哭起来。好在有妈妈陪伴他，哭过之后就忘了。第二天，姥姥就带上他到处串门子，结识另一个世界的小伙伴们。我听说，他每天很早就出去了，吃了午饭睡过觉就又走了，直到天黑才回家。我经常打电话，想和他说几句话，可是他要么是出去玩了，要么就是睡觉了，总赶不住点。偶尔他接上电话了，也只是说在玩土哩。“哩”字说得很清楚，我不知道他是如何学会这个字的。妈妈要是在做饭，他就会说，妈妈，干什么哩？“哩”字说得很重。在农村，他显然要比待在城市里快乐，因为他的世界大了，城市的世界反而狭小了。

这样过了几天，妈妈决定要回来，也即偷跑。偷跑的时候，姥姥又带着他去玩了。等天黑回家的时候，吃过晚饭他就睡觉了，而且是一觉睡到第二天。回来之后，我们打电话问姥姥，孩子哭了没有，姥姥说，没有。看来这几天的效果挺管用。等第二天醒来的时候，他还是像前几天一样，早早地就出去和小伙伴们玩了。到了晚上回来的时候，要妈妈，估计是一天没见到妈妈的身影了。找不到妈妈，就哭，哭着哭着就睡着了。

后来每天通电话，看似也习惯了，接电话的时候，也总是很高兴。每次电话一响，他都率先去接。拿起电话，先是你好，说上几声你好，就把电话搁在一边，从沙发上往下跳。这个动作也是回去几天后学会的。

大约半个月之后，妈妈也想他了，说是想得睡不着。我说，有这么夸张吗？不过看她的样子确实如此。既然想得都睡不着觉了，那就回去看看吧。妈妈把要回去的事告知了姥姥，姥姥告知了孩子，然后那一天他就没有出去玩，说是要接妈妈，一直翘首以盼，过上一阵子就问姥姥，妈妈在哪里？姥姥说，妈妈在路上，很快就来了。掐摸时间差不多的时候，姥姥就带着他到大路口等。等老远看到妈妈的时候，他是飞跑过去的，摔倒了，爬起来，再跑，也不哭，从心里到脸上，都洋溢着欣喜。

孩子走了一个月的时候，我去接他们了。等他见到我的时候，我说抱抱，他就退后自己的身子，看样子是想让抱，可又不主动。等我抱起他的时候，他的头就偎在我的脸旁，然后用小手摸我的头，感觉似乎好久没见过了。不大一会儿，我们就又熟悉起来了。他拉着我的手，去了几处他平时去的亲戚和小伙伴的家。天虽然黑了，他仍能给我带路。他已经熟悉这个环境了。

自此以后，妈妈要是消失在他的视野一会儿，他都会哭，即使半夜醒来翻身，口里呼唤的也是妈妈，直到现在，可能还有将来。看似没有什么，但在他的心里，已不大相信妈妈因为一点小事要离开他而进行的劝说哄诱了。

这在他的心里可能是一个很深的结，不知何时才能解开。

串联

家里有一本画册，上面有一个卡通造型，右右穿的一个外套上也有卡通造型。一天他先指着画册上的那个造型，然后又低头指着自己的衣服说，爸爸，这个就是这个。“那个”二字似乎还说得不利口。我一看，确实很相像。

家里有一本书是中信出版社出版的，上面有标识。平时妈妈带他路过中信银行，电视里也有中信银行的广告，他都注意到过。有一天他从书堆里翻出一本书指着说，这个，这个，中信银行。这时我才知道，中信既有银行也有出版社，最后查阅资料，确实属于一家。

经常去药店，家里也有个药箱子，备些常用药，其中有“云南白药”。我之所以注意“云南白药”是因为这四个字写得好。进了药店，他就猫在一边翻药盒子，看哪个和哪个是一类，也即哪些是同一个厂家生产的。有一次感冒了，给他买了点中药制剂，他一看包装不是“云南白药”，就用手推开了。后来把包装一颠倒，他还说不是这个，因为倒换的过程让他看见了。所以也就没吃药，不过几天之后自然地就好了。

家里我的衬衣比较多，每件衬衣我都是定制的，所以上面的纽扣没有重复的。在定制衬衣的时候，每件都要多备几枚扣子，所有的扣子集中在一个盒子里。他拿出盒子，把扣子倒出来，然后打开衣柜，拿上扣子找衣服，说，这个是这个。我看了一下，确实是一致的，搭配得不错。

从一岁半以后，右右开始帮我拿鞋子，哪个和哪个是一双也不会弄错。家里有一个鞋架子，四五个人有几十双鞋。他经常把鞋拿出来，摆成一溜或是一个圆圈，是一双的就挨在一起，然后蹲在地上说，这个是爸爸，这个是妈妈，这个是姥姥，这个是姥爷，有时候还指着自己的鞋说，这是右右。我就在想，他平时观察得就这么仔细吗？是有意还是无意？

有一天，家里来了个客人，孩子应称呼舅舅。舅舅进门随便穿了一双拖鞋，是我平时穿的。他看见舅舅穿了我的拖鞋，就拽着舅舅说，鞋。舅舅问，鞋怎么了？他仍说，鞋，并示意舅舅低下头看看。舅舅还是弄不明白。然后他就去扯妈妈的衣服说，鞋，手指着舅舅的脚。妈妈这时才明白，他的意思是不让舅舅穿我的鞋。随后舅舅换了一双没人穿过的拖鞋，他才罢休，说，鞋，爸爸的。

家里有一本苏东坡的书法集，“东”字是用繁体写的，突然有一天他指着说，东西南北的东。我就琢磨，他看到繁体字的机会几乎没有，是怎么知道的呢？

我想，任何认知都是有来源的，而非凭空想象，想象也是建立在有源头的基础之上的。我们不知道他是如何知道的，只能说明我们没有留心观察过，而孩子们在认识事物时，其实有意无意地将它们做了归类，我谓之“串联”，串合联系之意。

我的父亲曾经说过一句话，他说他对自己的孩子们很了解。对此我是持否定态度的，右右的这个认知行为，正好说明了我对父亲那句话表示否定的根由。

试想，我们做父母的对孩子了解多少呢？没有了解又何谈理解呢？

看电影

我小的时候，看的是露天电影，之后上了中学，在黑屋子里看，但总感觉不如露天电影有意思，而且是手摇胶片的那种。那时电影的幕布是挂在巷口上的，两头都能看，挂幕布、拉电线、支凳子这些都很有意思。电影开始前，先要对光，对光的时候，人们就伸出脑袋或是手臂，甚至还有扬土的。上胶片也有颠三倒四的，先演结尾再演开头。有的时候呢，演到半中间停电，停了电人们就等。后来演电影的地方卖起了瓜子，没有秤，就冒抓，或是拿个什么钵子，一钵子多少钱。卖瓜子的意思是让人们眼睛不闲着，嘴也不能闲着。

那时候看电影就像过节，而且基本上天天过。有时候一天主要的期待就是看电影，其实我们哪里能看得懂。记得有一部片子叫《女子别动队》，我对这个至今印象深刻。电影里的女人们都是好身手，而且长得漂亮。漂亮主要是和我们周围人的衣着相比较，至于模样，也不懂。我记得，等到初中毕业那一年，才懂得女同学哪个漂亮哪个普通，男同学有时在厕所会议论这些。

那时看电影，不知为何在脑子里自然就形成两派，也即好人和坏人，当然也有叛变的，分派的标准我至今也想不起是什么。印象深刻的还有《大上海》，里面的人骑着摩托车就飞起来了。在初中的时候，一次放暑假，我们偷了一辆摩托车骑，怎么飞也飞不起来。那时候的摩托车，不用钥匙我们也能想办法把它弄着了。就是电影里的刀、矛、镖，我们也按记忆制作了一些，可就是钝得不知是什么缘故，有时我们还从家里偷出红布缠上去做缨子，不过这些都被老师没收了。

等到再看电影那是二十多年后的事情了，看的是《建国大业》。这个片子我也印象深刻，深刻的原因是电影票好贵，四个人花了六百多，还要了点零食。我当时就纳闷，电影票不就块把钱吗，现在为什么这么贵？进去了随便坐，因为人不多。一堵墙大的幕布，看得还眼晕，没看多久我就出来了。我就想，对于现在的电影院，无论从人数上还是从乐趣上，我们都远没有小时候看电影时的兴致了。

最近看《白鹿原》，票倒是二三十块钱，还没一包中华烟贵，我们带着孩子就去看了。幕布仍然大，铺天盖地的感觉，即使坐到最后排，也是如此。右右受不了，一会就闹着要出去。妈妈陪他出去了，我自己坐下来看。因为电影的时空有限，所以跳跃性特别大，有时还需要揣摩。这部片子整个主线成了田小娥和四个男人做那事儿，感觉很没意思。这样的电影如果让孩子们看了，负面价值会多于正面价值的。我认为唯独好看一点的是所谓的秦腔，拍着板凳击打着鼓乐，还有点味道。正在这个时候，右右又回来了，并且安静地看了几分钟，看完了又闹着要出去。

看电影的基本是情侣，老情侣和小情侣，尤其有田小娥的呻吟酣畅，也适合他们看。但是这样的电影孩子们能看到什么呢？我看电影不多，因为我认为的好电影本来就不多。如果能多一些有韵味的文艺片就好了，可是文艺片又是票房毒药。这又反映出个什么问题呢？

过去的电影尺度小，现在大，我不知道该不该带孩子去看电影。

大熊猫

家里有一只米白色憨态可掬的大熊猫，像女生一样，还打着红格子的领结。也许正是因为如此，右右对它兴趣不大。开始产生兴趣是后来的事情，也即他比它高的时候。这时候他能抱得起了，到后来就拎着耳朵到处逛游，所以米白色就变成了黑色。变色之后，他就不让大熊猫上床了，让它在一个角落里孤独地躺着。有时他在地上玩的时候，先用脚踩它，然后再靠上去。

这个大熊猫可以说参与了一些他认知上的成长，比如认识眼睛、鼻子、嘴巴、耳朵、屁股等，大熊猫都曾经做过参照物。有一次，他坐着尿完了尿，也把大熊猫抱上去尿。结果他把尿盆踢倒了，洒在了大熊猫的身上，他一摸是湿的，就认为大熊猫也尿了。

以前我对于这些宠物样子的物件，不知何故，从心里讨厌，或许认为这是女孩子的事情，男孩子不应该玩这些东西。右右对其产生兴趣是在他长得比它高的时候。在他内心里，也许认为他比它大了，也可以居高临下了，这一点能从他与比他大些孩子的交往中看出来。比他小的，他似乎不太感兴趣。要是遇到大一点的小朋友，他会跑过去和人家搭讪，嘴里念念有词或是模仿人家说话，歪着头，表现得郑重其事，人家跑了，他也跟着跑。夏天的时候，我领着他逛游，看见有几个小学生在一起玩，他就跑过去，蹲下来，冲人家笑，笑得莫名其妙。

有一段时间，晚上要睡觉关灯时，他就对着地上的大熊猫说，晚安，拜拜。他似乎也把大熊猫当成家庭中的一员了，甚至有一次还问，为什么大熊猫不和妈妈睡觉？妈妈说，大熊猫大了，自己睡。他没反应，估计是弄不明白这句话的意思。

前些天，他要出去玩了，妈妈在另一个屋子里换衣服，他边等妈妈边跑到大熊猫面前说，哥哥走了，你在吧，回来给你买点好吃的。妈妈听到了，偷笑起来。他突然看见妈妈偷笑，就跑过来打妈妈，意思是不能笑，不能笑他对大熊猫说的话。

妈妈也在纳闷，这些话他是因何说出来的，并且基本能完整地组成句子了，而且他还自诩是大熊猫的哥哥，莫非是缘于他比大熊猫高了吗？还是大熊猫安静，没有他那么任性？抑或是其他我们想不到的？

关于独生子女的问题，我也经常思考，得出的结论是：第一，这样的政策和现状破坏了人伦，人伦是由近亲和远亲组成的，就是远亲也是因为兄弟们多才有的；第二，这样的家庭会引发一些孩子很多心理认知上的问题，这在现在的独生子女身上表现得异常突出，诸如无责任感、没礼貌、自私、孤独等。我小的时候，家里人多，有时候就是跟在哥哥姐姐的屁股后面，他们走哪就跟哪，即使不领也要偷着跟上，看看他们有什么新鲜的玩法，然后偷学一些。那时候顽劣，经常打架，如果是打败了就搬出自己的哥哥，只要哥哥一出面，心里就感觉硬气了。而且有很多话是只能和兄弟姐妹们交流的，这是一个人无论多大都存在的心理需要。我想，兄弟姐妹是最基本的人际关系秩序，现在无数独生子女的问题，我认为根源就在这里。

父母与孩子之间无论多么亲密，都无法替代兄弟姐妹之间的那种情感和感觉。这是每个人都渴望的。

孩子要出去玩了，却要和大熊猫说这样的话，那么将来又与谁倾诉呢？

刷牙

我真正会刷牙，估计是上初中之后了。在小学时，也看见父亲每天吃过早饭要刷牙，当时只是感觉牙膏的味儿很香，但没有留意刷牙的动作，那时感觉刷牙是个费工夫的事情。上初中后住了校，同学们每天早上吃过饭就各自找个地方蹲下来刷牙。我那时刷牙，嘴里含不住水，只是蘸一下水就上上下下里里外外刷起来，到最后把口腔里的牙膏漱一下就算完事。虽然这个动作简单，但我就是学不会，有点笨。

右右长出牙齿之后，就给他准备上牙刷了，是比较软的橡胶的那种。其实他刷牙只是出于好奇，一共才四五颗牙齿，能刷出什么呢？每次刷牙，我一叫他就跑来了，先是把自己的袖子拉起来，然后立在马桶边，等着给他倒水。倒上水，干刷，有时他也想让挤点牙膏，但从未满足过他的要求。此时他就会说，闻闻，闻了之后，会说哪个香哪个不香。

一般刷牙是我陪着他，或是妈妈陪着。我要是站着刷，他就拉我的衣服说，蹲下，同时还要监督一下，看牙刷上挤了牙膏没有，或者有多少，要是少了他就要求再挤一点。我刷牙，他就站在一旁看，主要是看泡泡出来了没有。泡泡滴在马桶里，他就摁一下马桶的水阀将其冲掉，接着再要求吐出泡泡。

一开始他刷牙的时候，也要学着我含一口水，等准备把牙刷放在嘴里时，他就咽进肚子里了。这时他会问，嘴里的水哪里去了。我说，你不要咽进去啊。这句话他听懂了，但是又把水全部沥拉在了胸脯上。这样每次刷完牙，衣服就湿透了。杯子里的水要是少了，他还要求添满。

每次刷完，他也会像我一样，把牙刷放在杯子里，摇一摇，然后倒在马桶里。这样，水倒掉了，牙刷也就跟着掉在了马桶里，所以给他换的牙刷也很多了。他对牙刷也有自己的要求，就是柄子上要有个小图案，或者是柄子能发出声响。要是二者皆没有，他就嚷着换牙刷。

最近他对刷牙动作掌握得比较熟练了，开始指导我了：第一是蹲下，第二是挤上牙膏，第三是让我含一口水。接着就是他示范，让我学。他说，爸爸，这样，含口水，我就按他的要求做。第一口水他是漱口，第二口水是刷牙，刷几下就把水喷出来了。

我嫌他麻烦，自己刷自己的。他看见泡泡多，就说含口水，一边说，一边推我手里的杯子。等我把嘴里的泡泡冲洗掉了，他就要求继续刷，还歪着头，让我看他嘴里有没有泡泡。我说有，他就不高兴了，说，我没有，爸爸有。我说，哦，他就不说什么了。刷牙熟练之后，水也洒不到他的胸脯上了，整套动作也比较完整了，只是偶尔还会把牙刷掉在马桶里。

这个事给我的启发是，孩子在用自己的观察琢磨事情，我们不能否定和忽视孩子具有的本领，无论是模仿还是青出于蓝胜于蓝，都可以。人被超越，这是客观事实，用不着居高临下。要以包容的态度看待孩子的成长，他们自有纠正的能力，很多时候用不着我们杞人忧天。

视角

在要求幼儿认知事物的时候，我的建议是轮廓多于精细，不必追求精确，更勿强迫其去精确地感知一个事物。这样可以使他在不断的认识过程中，锻炼自己的发现能力、描述能力以及想象能力。即使认错了也没有关系，因为人的认识总是在不断改进的。

一天右右拿着一本图画书，书的封面上有一只站着的兔子，兔子的耳朵是立着的，并且很大，手里还推着装有大白菜的车子。对于成年人而言，很快就可以辨识这是一只兔子。成年人在辨识的过程中，是抓主要细节或是主要轮廓的。主要细节可以帮助一个人识别一个事物，同样轮廓也可以，只是方法不同而已。还有就是成年人的辨识在很大程度上取决于经验的判断，那如果没有经验呢？对一个固定的东西可以尽情地使用经验，那么对一个变化着的事物呢？经验是否会显得捉襟见肘呢？

右右一边看图画书，一边坐在那里举起自己的脚，说，这个是鞋。我顿然在心里想，耳朵怎么是鞋呢？在有这个想法的时候，我只注意到了图画书里兔子的耳朵，并没有看他的鞋。然后我就问他，怎么是鞋呢？他仍然坚持自己的意见说，是鞋。进入冬天了，他不知道从哪里又翻出了自己夏天穿的凉鞋来。我一看，凉鞋的色彩确实与图画书里兔子的耳朵一样，但一样的也只是颜色，而非造型。那他说的一样，指的也应该是颜色吧。然后我接着说，对啊。之后，他就把自己的脚抬得更高了，并且还把鞋取下来作对照。

这说明是我的认识先入为主了，我只是把造型作为比较的对象，而他却是在比较色彩，方向根本不一致。这个没有对错之分，仅是视角不同而已。

在现实生活中，每个人都会遇到这样的问题，在看待同一个事物的时候，出发点或者视角不同，便会导致一些交锋，在交锋的过程中，因人的性情不同便会产生不愉快的感觉甚至是交恶。我以前也有这个毛病，在与人交流时总期待一种自然的、不期而遇的共鸣，其实这个是需要改变自己的，自己的认知不能强加给别人，对别人的认知需要包容。

最近在看毛泽东的书，其中说到团队的“和而不同”，他对《西游记》里的人物做了有趣的评论。他说，唐僧这个人，一心一意去取经，遭受九九八十一难，百折不回，他的方向是坚定的，但也有缺点——麻痹，警惕性不高，敌人换了花样就不认识了。猪八戒有许多缺点，但有一个优点，就是艰苦。孙悟空很灵活，很机智，但他最大的缺点是方向不坚定，三心二意。

每个人都有特点，这是客观存在的。认识各有视角，也是客观存在的。“和而不同”是古代哲学中的一个重要观点和命题。事物是立体的，横看成岭，侧看则成峰。视角的问题，属于一个人的特质问题，很难改变。对于孩子而言，我们不仅要求不了他全面地看问题，而且就是我们自己也很难做到这样。看问题的出发点是由很多因素杂合而成的，比如信息的多寡、兴趣的取向、认识的深浅等。这些因素综合起来的出发点就是视角，视角不同自然对事物的认识也千差万别。就像孩子吃面，他吃的是面的条形的感觉，我吃的则是面的韧劲，各有各的乐趣。

如果都从自己的角度出发，那我们看谁都不会顺眼。理解了，就足矣。对待孩子更得如此。

天黑了

现在城里晚上也点灯，并且是灯火辉煌。在农村也有灯，不过是三三两两。我上小学的时候，提过马灯也拿过手电。手电是将几节电池装在纸卷的筒子里，然后前后接上电线就成了。那时候我们害怕走夜路，但更多的是好玩。我们还经常说鬼，鬼似乎就跟在我们的身后，并且有人说，鬼是跟着灯火走的。

黑暗似乎是人从生下来就不愿意遭遇的事情。胎儿在母亲腹里的时候，那是属于另一个世界，来到光明的世界后，就渴望光明。我想这是从心理和生理两方面的需要出发的。在睡觉时，大部分人还是喜欢黑暗的，开灯的环境会影响人的睡眠。

右右刚出生时，在我的印象中，他整天的工作就是睡眠，即使哺乳和排泄也是在睡眠状态中进行的。为了他的睡眠，我们白天尽量拉上窗纱，晚上也不使用光线较强的灯盏。等过了满月，就带着他去户外了，这个时候也没有感觉到他对夜昼有什么反应。

在他九个月左右的时候，天气转暖，于是在家里就待不住了，每天不带他下去放放风，就要哭闹。但是带下去了，往回抱就有些困难。出去的时候手舞足蹈，回来的时候却是嚷嚷闹闹。后来哄他说，天黑了，小朋友们都回家了，狗狗也回去了，这才允意回去。在这个过程中，他学会了咳嗽，咳嗽是为了把楼道里的感应灯喊亮。一开始的咳嗽只是嗯一声，后来有了力量，才能让灯亮起来，这时的咳嗽声已经模仿得很像成年人了。

有时我带着他的时候就说，天黑了，咱们回家吧。很多次他都否定，说，天不黑。因为对于什么是天黑，他并没有概念，说“小朋友们都回家了，狗狗也回去了”也不是天黑的理由。有一次妈妈说，太阳不在，回家睡觉了，小朋友也该回家了。他对这个多少有点反应，便说，太阳睡了，小朋友也该睡了吧？妈妈说，对啊。自此以后，有一段时间一说太阳睡了，他就不再纠缠什么了。孩子对太阳的认识，我已经不大记得清是因何开始了，有时候他趴在窗户上看月亮，也会把满月说成是太阳。

过了一段时间，他对“太阳不在了”也不再认为是天黑，似乎天黑与太阳在不在也没有任何必然的联系。要是让他回去，说天黑了，他就会说，不黑，除非玩累了才可能回家。其实，能哄着回去，也与他想喊灯有些许关系。

晚上睡觉的时候必须关灯，不关灯不睡觉。睡觉的时候会和他说，汽车睡觉了，书睡觉了。这时他便会问，太阳睡觉了吗？妈妈说，太阳也睡了，灯灯也睡了。关上灯，过不了一两分钟，他就睡着了。有时候睡觉之前会闹，凭经验判定他是瞌睡了。

在稍微清醒的状态下，要说关灯睡觉，他就自然地钻进被子里，把头盖住。有一次关了灯，他说，怕。问怕什么，他也不说。我是在想，黑与怕之间是有联系的。黑暗笼罩之中，一切似乎不再发生联系。黑，会带来寂静，寂静难道会带给他怕的感觉吗？而明亮的世界可以点亮他的心。

我来解读分数

分数这个东西，像历史上的贞节牌坊一样，把学生、家长、老师、社会的心态全部扭曲了。这就像当官的弄政绩一样，成绩也即分数，它和政绩有个共同的字是“绩”。如果不择手段去追求这个东西，那么取得的“绩”便是个代价很大或是很假的东西。贞节牌坊就是如此，每一处牌坊下不是埋葬了一个活泼泼的生命，至少也埋葬了一个女子数十年的青春。现在社会进步了，贞节牌坊也坍塌了。社会在这方面已经回归到了相对理性的阶段，这当然也与女性的争取有关。但是分数是近些年来立起的牌坊，整个社会把它视为一种极其重要的评价手段来看，有时使用起来还“出神入化”“穷奢极欲”。这就该反思了。

对于分数这个东西，我是有认识的，也有发言权。首先从我自身剖析说起，从小学到高中，我的成绩都很好，但这个成绩的取得并不和我的努力成什么比例关系，我的成绩是按部就班甚至可以说是轻而易举取得的，从初中开始，各种奖项我拿了真有一堆，不管文科的还是理科的，但这又能代表什么呢？在《感谢孩子》一书里，我就探讨过这个问题，分数的取得很大程度上是兴奋点的问题，与一个人的聪慧与否没有多大关系。我的成绩一向很好，但我并没有感觉到我是聪明的，这并不是谦虚，而是真实情况。

再深一步讲，分数好又能怎么样呢？在我们那个时候，分数好可以脱离农村，用母亲的话来说，考上大学就用不着面朝黄土背朝天地打坷垃了。而现在的情况变了，给人的机会也多了，各行各业杰出的人士并不是当初上学成绩都很好的，有的人甚至上学都是有限的。所以分数和人未来的生活几乎没有一点关系，若说有关系，我认为也只是帮助我们结识了一个圈子而已。我想对这个一定要有清醒的认识，可是现在的学生、家长、老师以及社会中存有这样认识的人很少，因为他们并没有认真思考过这个问题。

我考取过三所大学，都放弃了。我想，普天之下也没有几个人像我如此“奢侈”的。为什么呢？因为我感觉其对我没有多大的作用，如果上下去，我想这个制度会毁了我，至少会让我把人生的韶华白白浪费掉。即使拿到个好成绩，又和将来的工作以及能力有什么必然的关系呢？我可以坦率地讲，我的人生和学生时代分数的好坏没有任何紧密的联系。现在的研究生有多少，从研究生的水平就可以看出这个分数的重要与否，由此更能窥探出这个牌坊的价值有多大。

现在很多孩子被这个“神”给逼到墙角了，痛不欲生，再逼真的就进牌坊了。很多家长成了帮凶，还有老师和社会。现在的择校形势也正好说明了在这个牌坊之前，还是路上行人欲断魂。身边这样的话题更是充耳不绝，永不休。我看着这些人总感觉可怜，可怜之后是可悲。

对于我自己的孩子，我是不会强迫他去干这些事情的，高兴为好，快乐为最。至于这样的状况，我想是会慢慢改变的，就像贞节牌坊的倒掉一样，是一个必然。只是在这个必然的道路上，不知又有多少人牺牲了自己的年华，有多少父母给予的活泼身躯被无为地折磨。其实父母于此应付很大的责任，或是第一责任，当然，社会乃至教育体制也应负有责任。这样的事，需要有志者、有识者共同努力去推动才行。人是社会的一分子，应先从自己做起。

照镜子

人似乎天生喜欢照镜子，镜子是认识自己的一个参考。无论是真实的还是虚幻的，人总期待在镜子里认识自己、端详自己。人知道自己老去，很大程度上也是从镜子里得到的讯息。人不借助镜子不知道自己的容颜，人不借助别人的评价也不会知道真实的自己。这样说来，人很可怜。一个人对自己相貌的判断，也是来自于从镜子里对自己的观察。无论高兴还是愁苦，内心的体验和镜子里的观照是不大一样的。有的人，尤其是青春期的孩子，更喜欢观照自己，特别是女性。

右右第一次照镜子的时候由我们抱着，是在他几个月大的时候。在面对镜子里的自己时，他是高兴的，像是看自己的伙伴一样，所以会情不自禁地去触摸镜子里的另一个人。等他能自己站着走到镜子跟前的时候，他就去亲吻，所以有一段时间，镜子上满是他的手印和亲吻的痕迹。有时他还会邀请镜子里的人出来，不出来，他就会用手拍打或是用脚踢。在镜子里，他可以指认他的各个部位，眼睛、鼻子、嘴巴、耳朵、头发等。再后来他能借助凳子站到盥洗盆去洗手了，洗手的时候，他的眼睛就盯着镜子里的自己，并且会告诉“他”抹点香皂。

有个侄儿，正值青春期，每次洗完头发都不好意思光明正大地站在镜子前，于是就在窗户的玻璃前拿着梳子梳理。这时，观照自己需要捕捉镜子里模糊的自己，只有在强烈的太阳光下斜瞥，才能略微看清楚。其内心是诡秘的，也是愉悦的。他书包里有一枚圆镜子，估计每天有时间就要照一下。镜子成了他私密的伙伴，照着也许才能感觉到踏实。

小的时候，我们在河边，静谧的河水便是一面镜子，站在河边俯观自己，能感觉到自己的存在。即使扬起手拍打水面，一会儿就又还原为了自己，那时对此极为好奇。在学校里，有比我们大点的孩子，捡一块打碎了的水银镜，故意用反射的原理去照心目中的女孩子，或是坐在女生的前头，在镜子里偷窥。镜子在帮助他完成一个美丽的心愿，把直视变成反射，将喜悦收藏在心底。女孩子是否也这样偷窥过男孩子，以及偷窥过自己的心思呢？

镜子的发明，想必缘于人们发现了自我认知的片面和残缺，而镜子可以修补这些东西。在我小时候的印象中，一个女子出嫁，妆奁里必有一枚镜子。现在镜子多了，人们似乎已经淡忘了另一个自己究竟是什么样子了。

右右现在照镜子，更多是出于好奇。有一次我把镜子拿在手里，把太阳光打在墙上，他就去追逐墙上的影子。可是影子就在他将要触摸的时候飞走了，不管如何飞，他总是兴致勃勃，但他找不到影子是从哪里来的。如果哪一天他找到了影子的来源，是否会感觉到落寞或是一种虚无呢？

孩子的成长是我们成年人的镜子，无论照出的是过去还是现在，我们都要正确地审视自己。镜子里的图画本来是纯真的，不能因为我们的审视而变得歪曲。同样，我们也是孩子的一面镜子，无论隐秘或是清晰，都会在他们的内心深处留下光影，这是需要我们注意的。

理发

右右对于理发，从一出生到现在，都极不情愿。我也在分析，究竟是什么原因，让他对理发如此反感和惧怕呢？是推子的震动，还是习惯头发自然地生长？至于冷暖，我想这不是他考虑的。我试着回忆我小的时候是如何理发的。上小学时，每过一两个月父亲准会拿出他引以为豪的推子给我理发。理发之前，先用碱面洗头，洗完之后披上一块布，就开始操作了。那时候，每次理发都很不情愿。父亲理发比较认真，左看看，右看看，哪里理得不好，他就弓着腰继续收拾。他很有耐心，每理一次，时间都短不了。因为推子不利索，所以每次理的时候总是拔头发，拔一次能将就，拔两次我就火大了，头不停地摆动，自然也就理不好了。为了理好，父亲噘着嘴不停地吹，很多头发楂子就吹进了脖子里，然后从脖子里又掉到肚子上，那种像被麦芒扎着似的感觉，相当难受。所以从推子一接触头皮，我的脸就拉得老长，期盼快点结束，但越是如此就越感觉缓慢。

父亲可能很得意于他的理发水平，因为他的很多同事只找他理发。我曾见过一次他的同事，对他的手艺赞不绝口。我心想，好什么呢，如果好也是他拿我们弟兄们的脑袋练出来的。在我的印象中，他理发很费时间，我想这是我不愿意让他理发的又一个原因，再就是他板着面孔，毫无乐趣。那时，我的同学们基本都是光头，光头也是毛毛楂楂的。从家里偷出推子，坐在教室门口，不一会儿就理完了，不管好与坏。理下的头发，用簸箕一扇，就飘走了。在理的时候，总是先在头顶来个“十”字，然后才收拾边缘，净不净，不知道。当然推子也拔头发，好像也感觉不是很疼。有时操作推子的人还故意拔，但也感觉不到，也许是乐趣大于疼痛。

一次，我理了个毛楂的光头，回去被父亲恶狠狠地骂了一顿，骂得我心里很不舒服，好像我的头不适合光头造型似的。当然这是父亲的感觉。

小孩子们自己理发，是玩，不是正儿八经的，有时候端坐着，倒表现得很有耐心了。

这么一总结，我想右右不愿意理发一是没有耐心，一是感觉没有乐趣，所以一理发他就号啕大哭。

为了给他理发，我们曾经尝试过引诱的方式，就是让他一边吃冰糕一边理，或者是玩个什么东西，但坚持的时间都不长。最近给他理发，也是哭闹个不停。以前还让妈妈抱着，这次怎么也不行。哭了一阵子，他自己搬来一个凳子，说，我自己坐着，一边说还一边哭。对于这样的表现我们很诧异，他是如何决定这样子的呢？坐好后，推子一上，就听见哇的一声，然后赶快给递上个饮料，哭声便止住了。头立着，任由推子行进，不用扶脑袋也不用哄劝，很快就完事了。

这一次为什么这样利索呢？按说也没什么乐趣啊。每半月给他理一次，是不是他记住这个周期了？我不得而知。

孩子的心思很缜密，需要我们认真分析和观察。理发如此，其他事情也如此，但原因必有出处，这是需要探源的。

擦鞋

右右对事物的观察比较细，并且这样的观察不是在刻意的专注中完成的，而是自然的、捎带的，甚至是漫不经心的。当然这只是我的观察而已，对于他是否是这样，需作保留，因为他有自己的心思。幼儿对信息的获取，有其独特的方式。

我每次回家，干的第一件事情是换鞋，所以我平时穿哪几双鞋，他都清楚。一岁半的时候，只要敲门声响，他就跑来开门，并且等着我把鞋换上。换鞋的时候他似乎还在监督，看鞋穿对了没有。穿上鞋，接着就得抱他，或是拎起来拔个萝卜。隔上三两天我要给鞋擦油，他就蹲在地上，主动递刷子。两三次以后，他就跃跃欲试了，挤鞋油就像挤牙膏一样，鞋面上挤，鞋底上也挤。这时还要抢刷子，由他来擦。我们擦鞋，是要完成一个目的，对他来说，就是玩，玩得有些好奇。为什么要往鞋上擦油呢？我估计这是他潜意识中考虑的事情。我也在想，既然挤鞋油和挤牙膏一样，那他为什么不把鞋油挤在牙刷上呢？只是有一次，他拿来牙刷帮我刷鞋，后来学会刷牙了，他就明白了牙刷只能是用来刷牙的。这个意识又是如何区分出来的呢？

最近右右和妈妈去逛超市，买了一管鞋油，回到家里他干的第一件事情就是擦鞋。鞋不论是皮的还是布的，也不论是黑色的还是他色的，他一律往上涂，一管鞋油不大一会儿就挤完了，不只鞋上有，地上更多。挤在地上的鞋油，他就用脚踩，踩得到处都是。这时让他停止这个事情，几乎没有可能，因为在擦鞋之余，他又发现了鞋油的新功能，也就是可以用脚踩出丰富的图案，踩完之后，他还要回头浏览留下的印痕。这个对他来说太美妙了，但我们收拾起来却麻烦大了。我说，给你脸上也擦一点吧，他却是躲避。为什么他可以随便往其他地方涂抹而不能涂抹在自己的脸上呢？这样的心理是否又是每个人理所应当有的心理呢？己所不欲勿施于人，看来就是用来教导人的，因为几乎每个人都有己所不欲也要施于人的心理。这样的心理是天生就有的吗？在幼儿身上，我看到的确如此。在他成长的过程中，可以允许他暂时淋漓尽致地表现自我，接下来就要教给他规矩了。规矩是一个方向性的框架，不可拘泥于细节，细节交由他自己去把握，这应该是成长的规律吧。

妈妈在洗衣服的时候，往洗衣机里放衣服，他对这个动作也有反应。一日，他搬着凳子，抬着腿就钻到洗衣机里了。这个抬腿的动作是从爬床开始的，有一段时日，爬上去退下来是他自己经常练习的动作，四肢和身体吃力、着力的能耐是需要慢慢掌握的。从这个角度而言，每个孩子都是有能力独立的，包括方方面面的事情。现在很多孩子独立不起来，是因为父母给的支撑点太多，这样的做法不利于孩子的成长。

一个人的成长，我想若是在兴趣或好奇心的驱使下，会远比在压力或目标的驱使下来得更为健康、自然和扎实，因为兴趣或好奇心源于主动，而压力或目标则是被动的。

承认

现在右右对自己做了的事，从不推脱。无论是打了碗、尿了床，还是破坏了其他什么，问是谁干的，他就会说是他。以前呢，干了类似这样的事，问是谁干的，谁问他就说是谁。那个时候他还没有自己的名字，所以想揽也不知道往哪里揽。现在你我他分清楚了，是谁干的，他就说谁，再不会推脱了。

承认是一种品格，也是一种担当，这个品格需要长期保持和坚持，否则就容易养成撒谎或嫁祸于人的习惯。

在我上小学的时候，父亲经常让我买烟，一买就是一条。买的时候他先是把烟钱给了我，然后再给几分钱让我买糖吃，二者分得很清楚。那时候糖块也就一分钱一个，给上两分钱已经算大方的了。我估计他喜欢让我买烟是因为我腿勤，接到指令立马跑到他跟前，接了钱，很快就跑着买回来了。糖块在嘴里嚼着，腮帮子鼓鼓的，很甜。买回烟，还要帮他撕开一包，并且要帮他放到家里的一个柜子里，柜子要踩着凳子才能够得着。柜子是偏开口，我就把烟塞到最里边，还要往里面塞些橡皮、铅笔之类的东西。他抽烟的样子，我一直很感兴趣。其实我偷着抽烟，从上小学前就开始了，有几个年龄稍大一点的小朋友，他们抽得早，我也就跟着学会了，此可谓之近墨者黑吧。

他们抽烟，一般是从家里偷出来一支或是两支，有的甚至捡烟屁股接起来抽。他们抽烟很潇洒，吸进去的一口烟，很长时间才从鼻管悠悠地飘出来，有的被呛得泪流满面，有的则没什么事儿。他们中也有比抽烟水平高低的，就是看谁的食指和中指熏得黄，不仅手指的肉黄，指甲也黄。刚上了道儿的，还故意夹着靠近烟头的地方。对此我只是欣赏但不模仿，怕回去被父亲发现挨鞭子，因为吃过他的皮鞭子次数也不少了。有时我抽完烟会吃一些葱，目的是把烟味盖下去，一般这是抽了烟之后、回家之前干的事情。但是我抽烟只过嘴，不会往肚子里吸，那时就明白什么是尼古丁，这个习惯一直保持到高中毕业。

给父亲买烟递烟，博得了父亲的好感和信任之后，我也开始偷父亲的烟了。开始时是一支两支，偷出来就藏在袖管里，或是塞到帽子里，那时的人一般都戴帽子，偷的时候佯装拿这拿那，或是嘴里哼呀一些调子。偷到手里，就赶快往学校里跑，到了学校就四平八稳地坐下来吸了，动作都是观察和模仿了众多人之后的综合结果。之后发现偷一支两支父亲并无察觉，于是数量就多了起来，胆子也随之膨胀。我发现父亲抽烟他自己也不记得，这样就一条烟留出一包，供自己支配，最高比例发展到了六比四，也即他抽六包我偷四包。我告诉伙伴们这个秘密之后，他们有的竟然把这个比例给颠倒过来了，结果是挨了掌掴子。他们挨了掌掴子，我也立马吸取教训，把比例收缩回去。到现在，父亲也不知道我曾经这样偷过他的烟，庆幸的是我并没有发展到“小了偷针，大了偷牛”的地步。

这些顽劣的事情，都是童年时候的事了。

现在我也在想，我的孩子将来会不会这样呢？我们那时也经常被教导要诚实，但那都是耳旁风。如果被逮住了，在皮鞭之下会默然承认，不承认也得承认。现在回想，那时的确很不诚实。再深究一点，如果父亲不抽烟那我到哪里去偷呢？所以说，父母还得给孩子做榜样，不能让其有发展不良嗜好的机会，并且要善于发现苗头，有了不良倾向就得压制下去，当然这是在不承认的情况下。

天气预报你等着

右右对天气预报的关注，从半岁左右就开始了。按说天气和他有什么大的关系呢，何况又预报得不准确，那是什么吸引他关注这个节目呢？

我认真观察了几次，天气预报和广告一样，在有限的时间内信息量特别大，声音播报是一方面，画面播报又是一方面。除了显示天气的冷暖阴晴外，一旁还有服饰、酒类等广告，模特穿着艳丽的衣服从画面里走来，就像雪花一样飘着。我也曾经蹲在他的侧面，看他的目光究竟落在哪里，但是没有找到，虽然他看得目不转睛。对一个儿童来说，不应该对单位时间内信息量大的节目感兴趣，因为他对信息的处理能力还不是那么强，处理能力不强，难道吸收能力就强？

一天看完新闻之后，他就把澡盆拖进了卧室，说是要洗澡，给大熊猫洗澡。大熊猫没反应，他就说，我要洗澡。我就纳闷了，这是哪根筋别住了，主动提出来洗澡。说要洗澡，就催着妈妈去放水，自己拖着盆子。这时正在播天气预报，他看了几眼，说，天气预报你等着。这话一出口，我就愕然了。他为什么会说出这样的话呢？天气预报怎么等他呢？这是我们惯常的思维，并且我们能说出一堆理由来证明我们思维的正确与合理。可是对于孩子们来说，我们的思维则是不正常的，就像皇帝新装里大人和孩子的思维就是相反的，这种相反来自于成年人所受的现实环境的束缚和利益价值的驱使。社会的进步或发展，很大程度上是由思维异类的人变革和推动的。

成年人有一个本事，就是归类，这个类似乎就是自信的来源和基础，归不进类里的就是异端，让人无法接受，因为自己也不相信自己。

这种欠缺又是从哪里来的呢？我想还是缺乏自清的能力，加之没有对自己独立判断的坚持，而这些是具备思想的基础条件。

什么是有思想的人？我认为是能摒除别人意见也能否定自己意见的人，能自己独立思考并可在吸纳别人的意见之后将其转化为自己的意见和主张的人，能在绝处看见生也能在生处看见绝的人。如果别人看到了，你才看到，那算什么本事啊。别人说这个事情好，你也说好，那你充其量只是附和，不经过大脑就说好的人是有问题的。还有一种表现是皱着眉头略有所思，这是一种假思考，很多人在一个环境下被熏染得久了，就是这种表现。这样的人往往会把习以为常视作是真理，我则称之为老油条，油腻得厉害。还有些人呢，总以为别人说得对，点头像捣蒜，言不由衷、情不自禁，别人一窝蜂地说好，他也跟着说好，还笑嘻嘻地，像是英雄所见略同。这样的人还有一种表现是对相左的意见不屑一顾、嗤之以鼻，要是对仗起来，他就给你搬出是谁谁说的，别人的主张似乎是他为生民立命的根基，这根基一倒，他也就六神无主了。这样子的人太多了，大脑似乎是别人的跑马场。

成语里有一个词叫“众口铄金”，对于这些没有思想的人来说，被别人的唾沫就淹死了，还能伸张什么呢。在一个体制里，这种表现更明显，什么正确，什么英明，众口一词，千篇一律。如果一个事物没有正反两方面的意见存在，是很容易倾塌的。这个道理我想再简单不过了，就拿栽在地上的电线杆来说，必须得有相反方向力的牵引，否则电线杆倒了就麻烦了，而且会很容易倒。皇帝新装里的那个小孩，可算是一个有思想的人，而且有思想必须得配合有勇气，没勇气思想也是无法表达出来的。社会越发展似乎有勇气的人越少，这究竟是社会的进步还是堕落？此时就需要有思想的人出来说话了，被冠以“疯子”又如何呢？有思想的疯子，是一种极不正常的现象，没思想的疯子倒成了习以为常的事。因而我还是建议大家应该“疯”起来，多一点自己的思想，多一点自己的判断，这样才能活得多一点自在，多一点快乐。

在我们的正常思维状态下，很多发明创造总是让大部分人感觉是不可能的。像布鲁诺、哥伦布、雷特兄弟等，在当初都被认为是异端，现在呢，我们只是在闲暇之余将其当作谈资，而却没有独立呈现自己思想和见解的勇气。

孩子说天气预报你等着，只是随口的事情而已。我也在想，他这个问题以现在的技术来说，应该太简单了，不就是把它储存起来重放一遍嘛，看到哪里从哪里接住就是。所以我们不要轻易否定孩子们的异想天开，更不要认为孩子们太简单。侧过来反照一下，是因为我们成年人的脑子更多的是被垃圾所占据，缺乏新鲜的东西。在孩子们相对广阔和纯净的脑海世界里，其实什么都可以被绚丽地构建起来，只是我们缺乏了欣赏的视角和眼力。要把这些老老实实地还给孩子，任由他们去创造，不要一味地以见多识广而盛气凌人、居高临下。

对占有的认知

荣格呼吁，人要认识自己身上的现实，从野蛮的自身存在过渡到文明的自为状况。

多少年前，当我看到幼儿的时候，我的直觉是：他们是动物，和家里的羊羔子类似。在我童年的时候，姥爷家养着几只羊，过上几个月，小羊就生下来了，断断续续地。要是大羊奶不够，姥爷就给它们煮黄豆吃，软软的，它们吃得很欢快。我们一群小孩子那时就偷给羊煮好的黄豆，藏起来吃。这样相当于给羊吃的是小灶，我们只是赶上了好时候，我们多吃些，羊就得少吃些。就是现在，煮熟的豆香也经常在我的脑海里回荡。

右右是一整岁时断的奶。没断奶的时候，只要看着他吸奶，他就扬起自己的手扑打，不让别人看，紧紧地拱在妈妈的怀里，生怕抢夺他的东西。要是拨弄他的头，他就撒泼，一松嘴，一蹬腿，哇哇地哭起来。断奶之后，他就开始吃与大人们一样的饭食了，只是给他做得清淡一点，软和一点。另外还给他多备了一些水果，他喜欢吃的主要是苹果和香蕉，其次是柚子和榴莲，对其他的似乎兴趣不大。看他吃得香甜，总要逗他一逗，说给爸爸吃点，听到这个话后，他就歪着头把手里的东西藏在了背后，即使妈妈这样说，他也不给。

后来情况有所变化，即使他正吃着一个什么东西的时候，问他要，他也会说，没了。那不是还有吗？他摇着手说，没了，没了，显得很不耐烦。出去和小朋友玩的时候，我们告诉他，要是手里有吃的，要主动和小朋友分享，他不理不睬。碰到这样的情况，我们偶尔会说，你好小气，他就马上把这个话回复过来。当然他还不懂得什么是小气和大方。

有一次买了一些橘子，他从我手里接过去，就钻到一个角落，剥着皮认真地吃了起来，其他的则是用纸苫着。我问他橘子哪里去了，他说吃完了。再后来，若是要，他就会说，打爸爸，打妈妈，说着就扬起了手。这样的表现，很是不好。这其间，他只是偶尔和小朋友分享过手里的东西，如果是他主动的，定是他已经对这个东西没有多大的兴趣了。

有时候，为了让他趁热吃饭，只要眼睛往他的碗里一瞄，他就赶快端起了碗，狼吞虎咽起来——他以为我要抢食他碗里的饭。

我也在想，这是一个孩子长大必经的阶段，但是不能长久如此，尤其是处身社会之后，一切都想据为己有，是无法融进社会之中的。据为己有可以算作是一个人野蛮的行为，这个需要教化，也需要父母给以现实的示范和指引。

我也在回想我小时候这方面的经历。从四五岁有记忆起到十岁前，母亲每年中秋节都要做月饼，做好了送给姥姥。送的时候，一般都是用一个小箱子盛着。我看母亲的意思，是要没完没了地往里面装，好像是要全部送给姥姥。这时我就会去阻止，不让她再装，为此挨了她几年的巴掌和责骂。可是她要是这么大方地给奶奶，我就不会阻拦了，而她似乎对奶奶也没有如此大方过。那时候就有了这样的对比，为什么舍得给奶奶而不舍得给姥姥呢？其实是有原因的，我从小和奶奶守得近，所谓的好吃的，奶奶都给我留着，能感觉到她不舍得吃，而给我的时候又是那样的慷慨，所以我也愿意给奶奶。因为我与奶奶是统一战线，或者奶奶是我的保管箱，因而自然十分乐意。

十岁那年中秋节的清晨，母亲派我给姥姥送礼物。那时，我刚能上了自行车的梁，来回探着脚尖蹬自行车，十多里的路要走一个多小时。欣然答应干这个事是因为母亲说了，带去多少，姥姥还能给带回来多少，这只是个样子。这样，我心里就踏实了，但还是半信半疑地接受了这项指派。到了姥姥家，他们都很高兴，翻开箱子一看是各式各样的好吃的，顺手就吃了起来。我心里嘀咕，母亲是在骗我。吃过早饭，我和姥姥说，我要回家了。姥姥挽留，让我中秋节在她那里过，我坚持要走。姥姥看样子留不住，就拿出她家的好吃的，往箱子里装，装得似乎也是没完没了，姥爷还在一边给吹风，再拿点，再拿点。等放到自行车架子上时，我感觉比我给他们带来的还多。就这样，我春风拂面地踩着自行车回家了，去的时候感觉路途是那样的艰辛，回的时候却感觉是那样的轻松。

就这一年，我感觉我长大了，按父亲的说法是，手松了。

这一长大，影响终身，手松了，朋友就多了。这个可以示范给孩子。

烦恼的由来

一个人，总有烦恼。除了人生的首尾两头，烦恼就像老邻居一样，紧紧地挨着我们。所谓人生的首尾两头，就是人的幼儿和晚暮时期，二者似乎都关乎于意识，意识不清的时候可称作是潜意识。这个无法隐藏到哪里去，只是不同的人有不同的表现方式而已。

有时回到家里，看着右右活蹦乱跳很是羡慕，总以为他什么事也不用操心，只管吃喝拉撒睡与玩。其实不是，他们也有他们的烦恼，只是一个烦恼在他们的心里逗留的时间非常短暂而已。要是不小心脑袋碰在什么地方，哇的一声便是大哭，随后只要说有饮料，就立刻破涕为笑。疼是一种烦恼，但马上就被他抛掷脑后，消失得无影无踪。有时见他为了抢一个东西，脚踢在什么坚硬的物件上，坐在地上揉一揉说，磕死我了，笑着就又起来了，若无其事一般，有时还能记着他要抢的东西，有时就忘了。这和我们小时候听到的故事如出一辙：妈妈让孩子去买花椒大料，摔了一跤，就成了飞机大炮。也就是说，孩子对烦恼的忘却是快速的，没有我们成年人恒久。

这些我们应该向孩子学习，善于丢弃烦恼，这是个心态的问题。类似于此的，就是孩子的睡眠，我发现右右经常是说着话就睡着了。能有此功，我想还是因为私心杂念少所致。

烦恼是从哪里来的呢？我想，大部分是因惑而起。人生在世，谁无困惑？有很多事情，我们在面对它的时候，总是束手无策，那该怎么办？我的经验是忘却、等待，甚至在一个棘手的问题上，可以停滞不前或是后退，时间总会在后来给我们一个可以让心不再忐忑的结果。人生其实就是时间的一种变体，时间总会将一切恢复于平静。不管时间的直线运行与否，在人的心里，我们可以大方地使用时间，进而等待时间的发酵。

也有人说，三十而立，四十而不惑。我则说，三十立不起来，四十是惑上加惑。现在人的寿命长，似乎是越老越惑，问题越多越惑，要想使惑减少，就要把问题简单化，同时也要把利益淡漠化。若利欲熏心，怎能没有惑的困扰和伴随呢？其实很多人是作茧自缚了，这一点也是可以向幼小的孩子们学习的，当然不是大一点的孩子。现在大一点的孩子，很小就被绑架到了烦恼横生的战车之上，在没有享尽少年不识愁滋味的时候，已经备尝了烦恼的艰辛，那他们在未来纷扰不断的烦恼之中，又何能得以应变和对付呢？要把烦恼交给烦恼，把快乐交给快乐，确保肚子不饿，酣睡榻上，有的是时间解决问题所引起的惑。

也有人说，看见孩子了，烦恼就烟消云散了。我想这也是暂时的，能稍有替代而已。我的感知是，是谁的惑就是谁的惑，无可替代，就像一些人说的，冷暖自知，甜苦自尝。人生有一点烦恼，若是心态自然，其何尝又不是一剂美味的作料呢？

所以很多时候我们要向孩子们学习，同时也要葆有他们对烦恼不屑一顾的心态。

童话

每个儿童都有自己绚丽的话语，他们通过丰富的幻想以及夸张、象征等手段来塑造形象，来天真地描绘生活里的事物。其语言生动，引人入胜，能把好多不相干的事物熔冶于一炉，静的事物在他们的眼里是动的，死的则变成了生的。这是源自于他们的想象吗？想象力是一个孩子来到这个世界的时候就具备的吗？这些修辞的手段，他们并没有学过，但却可以很熟练地使用。所以，可以说童话来自于人的自然生命。

一个人接收外在信息越多，其童话的天赋被消减得就越弱。童话般的心灵是获得快乐的源泉，以世俗的眼光看待世界，世界就是黯淡的。孩子们呢，世界对他们来说总是那般美好。其实我们成年人应该想一想，我们是如何从童话的世界到了现实的世界？理想在某种程度上是带有童话的美丽色彩的。

一天晚上右右和爷爷通话，我给他拿着电话，他的双手伸在水里。他问爷爷，你在干吗？然后他自己回答说，我在洗手。爷爷问他，想不想爷爷？他说，不想，爷爷是谁？这时，爷爷就接不上他的话了。然后他又说，大慧在哪里？大慧是比他大一岁多的姐姐，一年见几次面，总是能想起来，虽然他和姐姐在一起时总是闹别扭。闹别扭是因为两人必须有同样的东西，如果只有一个，他们必定要相互抢夺，抢夺的过程中，总有一个要哭。爷爷说，大慧不在。他说，是不是睡觉了？爷爷说，可能吧。他接着说，她睡觉了。然后奶奶接过电话和他说，想不想奶奶？他说，姥姥在哩。前言不搭后语。在水盆的前面有我用的剃须刀，他说，你刮胡子吧。爷爷在那边莫名其妙。他说，你睡觉吧。爷爷跟不上他说话的方向，就说，睡吧。

这是一个短暂的童话交流。

我说，关灯了，他马上从卫生间跑出来，回到床上。时间不算早了，妈妈对他说，睡觉吧。他说，不关灯。妈妈又想了一招说，你和爸爸比脱衣服，看谁快。一说比，兴致就来了，平躺在床上，很听话地让脱衣服，一边脱一边说，吃苹果。每天晚上他总要啃个苹果，吃一口就放回床头柜子上，用东西挡着，咽了就再去拿。每次削一个苹果，一般只是吃半个，剩下的就放在枕头旁，并且说，苹果也睡觉吧。问关不关灯，他说，关灯吧。答应关灯，一般是在睡前把肚子解决了以后，或是喝水或是吃东西。关了灯，他便会问，妈妈，月亮睡了吗？妈妈说，睡了，你也睡吧。他问，月亮在哪里睡？妈妈说，在天上睡。然后他就说，月亮的月。说这个话，估计是又想起了《小说月报》封面上那个“月”字了。过一会儿又说，妈妈，我要看书。妈妈说，书也睡了。他就说，那明天看吧。他看书，就是找那几个他似曾相识的字，找到了就高兴，然后顺手就把书扔到地上去了。我问他，小朋友你几岁了？他说，快两岁了。我说，你怎么长不大啊，已经是两岁四个月了。他说，快两岁四个月了。再问，几岁了？他说，两岁快多了。至于是多了还是快了，他一直弄不清楚。我问他，你大还是爸爸大。他说，我大。妈妈问他，小朋友上不上幼儿园啊？他干脆地说，上。不知他从哪里学会了上幼儿园就是背书包的事情，每次出去透气，他都会主动要求背上小书包，里面装着他的水瓶、水果和玩具车。妈妈问，上幼儿园干什么呢？他不说了，究竟干什么他还没想清楚。

每次和孩子对话都很有意思，他总说一些我们认为云里雾里的事情，而且跨越很大，但这就是他的乐趣，在他的内心里，一切都是充满生命力的。

智慧的判断

现在的孩子们似乎都聪明，是吃得好了，还是环境改善了，抑或是基因有了变异了？很多人夸自己的孩子或是别人的孩子聪明，但我从来不夸，因为我感觉他没有什么可夸的。再说，孩子还小，是豆苗还是草苗，还难以分辨清楚，随便夸不就变成了炫耀和自大？

对于聪明这个词，我从内心深处一直不大认可，对于所谓聪明的人，也基本上不屑一顾，这可能与我自己不聪明有关。但我认可智慧，我认为一切智慧都是经过深思熟虑后的结果和体现。聪明是无法与智慧相提并论的，其与实践的深浅有关。同样年龄的人，智慧程度各异，就是这个原因。并且我见过的别人所谓的聪明人很多，我的感觉是大多为油头滑脑一类，基本都是偷牛的时候捎带拔个橛子的水平。有些人看起来呆头呆脑，但并不一定缺乏智慧。有智慧的人的基本特点是内敛，聪明之事用不着他们劳神动足。

我还认为，智慧是一种态度。态度不端，小算盘拨得哗啦哗啦响，都不算智慧。一次与几个友人谈这个问题，其中一个就说他二十五岁的孩子很聪明，然后又说想跟着我学设计，脑子很好使。我说，我第一要看态度，态度过关了再说聪明与否。态度是个德的问题，“德”由“心”“彳”“直”组成。“心”表示与情态、心境有关；“彳”表示与行走、行为有关；“直”，“值”之本字，有相遇、相当之意。《周易·乾》曰：“君子进德修业。”唐孔颖达注：“德，谓德行。”现在很多人，在这上面都过不了关，所以我说聪明是个无关紧要的事情。此话一出，大家纷纷表述见解，大致是说，聪明这个概念比较宽或是需要重新定义。大家都习惯将聪明顺口而出，但真探究起来了却感觉没有那么简单。那个说自己孩子聪明的人，也不再提“聪明”二字了，我认为这是些许的长进。

这些年也见识了很多过往的所谓聪明人，总体的感觉是他们善于耍些小伎俩，耍着耍着就把自己耍进去了。若只看一时一事好像是他们得了什么利益，但长远观之则是因为那一点儿而失去了一大片。这样的人算账只顾当前，没有后续的增长。善于玩聪明的人，还有一个普遍的表现就是捉弄人，欺左瞒右，给人不踏实之感。这样的人，往往又为自己的伎俩而得意，表现得贼头鼠脑，巧舌如簧。

右右还小，我期望他将来多些智慧少些聪明，把智慧用到将来人生的经营当中去。也有人夸他聪明，对这个褒义词，我并不认同，因为谈不上聪明，充其量只是机灵一些而已，就像猴子一样，身手比较灵活罢了。

智慧是个要用心来经营的事情，然后才能表现于一切的言行之中，花拳绣腿不值得赞赏更不值得发扬。老老实实成长，老老实实做人，我想这就是智慧凝结的开端，也是判断智慧与否的根基条件。

智慧不完全来自于知识，但必须对知识做出挑选，然后才能使用。现在的人似乎知识多了，但智慧却少了。

珍惜和孩子在一起的时光

一个人和孩子在一起的时间是有限的，尤其是现在的独生子女，就算高中不离开，上了大学基本上就是彻底离开了，算一算，在家的时间也超不过二十年。就是这二十年，孩子与父母在一起的时间也得缩水过半。成了家立了业都单飞了，不像过去，孩子们多，守得也近，早上见不着，晚上总能见得着。那时候家庭的烟火气很浓，现在则是冷清的。

右右出生后，我总是期望能和他多待一会儿，看着他点点滴滴地成长。有时他很捣蛋，比如我看书的时候，他就过来抢我手里的书，那么多书他非得看我手里的。要是看电脑，也是如此，我要浏览新闻，他要看“巧虎”，其实他不看，而是想玩键盘和鼠标，总之是为了捣乱凑热闹。但是也愿意看着他捣乱，就是晚上他睡着了，我也会情不自禁地半睡半醒地伸手摸摸他，有时候就把他抱到了我的被窝里。他醒着的时候，一般都在运动，翻箱倒柜跑来跑去，没有困乏的时候。

现在回到家，他先是帮我拎鞋，然后就问有没有好吃的。我记得我小的时候，也总是期盼父亲早点回家，回了家就翻他的包或是口袋，虽然发现不了什么新的东西，但总是怀着一份期盼。父亲发了工资，硬币就给了我，毛毛算是大钱，只可看一看、摸一摸。现在右右也翻我的包，不是找钱而是寻吃的，找不到吃的，就一直尾随在屁股后面。

将来，我想每天得和他做些思想上的交流，还有快乐的分享。思想上的交流，可以海阔天空、漫无边际。现在他还小，没有那么多的为什么，我估计过了三岁，十万个为什么的问题会接踵而至。与孩子在一起，这样的问题除了可以增长他的知识，我想也会让我重新思考一些过去没有认真思考过的问题，即使曾经思考过的，因有了与他的交流也会更进一步的深入、深刻乃至全面。我是把他作为未来与我促膝谈心的哥们来看待的，做哥们就意味着我们要承认自己的不足。

一个人终究会形成属于自己的精神世界，并建设属于自己的精神园地，以及组建自己的家庭。这一切都是自然而然的事情，在孩子羽翼丰满的时候，他是会脱离我们的。在我看来，要更多地让他独立，并让他去做力所能及的事情。在这个过程中必然存在一个主次转换的程序，现在我可以为主，将来是他为主。随着年龄的不断增长，他的心理世界将不再简单，正因为他将来的独立，我们对他的了解必然也会生出些许的陌生。就我的父亲而言，他的孩子们都成了家，他了解的只能说是越来越少，沟通起来也基本都是些鸡毛蒜皮的事，或是一些冷暖的问候。

做父母的一定要与孩子亲密地沟通，亲密并不冲淡父母在孩子心目中的威仪形象，二者融合在一起是最好的。这些都需要我们与孩子悉心相处，把我们的时间用在与他们的交流上。当然，我也不赞成为了孩子牺牲一切，没有入世的谦卑心态，也很难给予孩子一些高明的指引。我们与孩子是伙伴，犯不着谁为谁做出全面的牺牲。我所说的与他们在一起的时光，也是彼此沟通、了解的时间，这才是最有意义的。

我没疯

右右在遇到自己感兴趣的东西时，很难给他找到替代品。以前还好，一说另一个事物，他马上调转注意力，奔着这个事物而来，而这个事物基本上都是甜食。孩子们为什么对甜食情有独钟？我想这和他们的生理承受能力有关，辛辣的东西他们绝不会惦记，即使告诉他是甜食，他用嘴一品尝马上就会吐出来，并且表情怪异。现在，甜食对他的诱惑力不大了，最近他对电脑和书比较感兴趣。

对电脑的兴趣主要在键盘和鼠标上：键盘按键多，加之上面有各式各样的符号，没有重复的；鼠标是因为可以牵着在地上跑，还有按鼠标时会发出声音。他有一个玩具电脑，拉上鼠标压在下面就算接上了。可是怎么按鼠标，屏幕也没动静，这时他就会把玩具电脑翻过来，要是还没反应，脚就上去了。

对书感兴趣，似乎不是因为彩图什么的，而是密密麻麻的文字。他对书有选择，大的不行，小的也不行，而是端坐在那里，叉开腿，合适放在他腿中间的，就一页一页地翻，并且翻得很认真。问他，你在干什么？他说，我在看书哩。再问，书里有什么呢？他会指着书上的字说，这个和这个一样。他是在找相同的字，不知道那个字叫什么，只知道长相一样。

一天晚上，洗了澡之后光着屁股，他又去把几排书推倒，找他要看的书。先是找到一本，刺啦把书皮就撕了，书的衬页是黑色的，他说，这是黑色的吧。我哦了一声，对他撕书已经习以为常了，随便撕，撕书是喜欢书的前提，我是这样认为的。妈妈说，钻进被子里看。他钻进去了，趴着看估计感觉有些不舒服，就坐了起来，看了一会儿，扔下，又去拿别的书。妈妈说，就这一本吧。他说，几本，意思是要几本同时看。妈妈说，那你到一堆书里去吧。他真的去了，也不穿裤子，手脚冰凉。妈妈说，不进被子就穿上衣服吧。他说，不穿。妈妈说，你疯了吧。他镇静自若，一页一页认真地翻着书，头也不抬地说，我没疯。我接着问，你疯了吗？他说，你疯了。姥姥、姥爷听见了也哈哈大笑。

这次，他对你我他的分辨很明显。我想这应该是自我意识增强的表现，但这仅是个开端，还需进一步分辨和增强。这些事都是在日常生活中发生的，他穿的衣服、用的小碗以及别人用的东西，其实在点滴之间都做了分配，每个人的言行都传递出哪个东西是属于哪个人的，我想他是在作了观察之后形成了记忆，然后再进行分辨和判断。

就我抽的烟而言，他要是发现了烟盒与打火机，就帮我拿过来烟，拔出一支又一支，强行塞到我的嘴里，然后使劲按打火机，打火机他还弄不了，就让我点。我在家里一般不抽烟，即使抽也是背过他，倚在窗口上。有时候他也拿着一支烟跑到妈妈面前说，妈妈请抽烟。妈妈会告诉他，只有爸爸抽烟，其他人都不能抽。几次之后，他记住了，烟是我的专有。后来放在柜子上的烟盒他也很少动了，以前动，也主要是想看看烟雾是怎么向上飘起来的。

从这个细节出发，我想说的是，平时就要对孩子的行为做一些引导和区分，在让他增强自我意识的同时，也要帮助他建设属于自己的领地。在这个范围之内，要强化他什么可做什么不可做，并在此基础上再去要求他做事圆润。这是个漫长的过程，需要有意识地去指引他。

游戏

工作是一种游戏，爱好也是一种游戏，游戏可以充实人的心灵，伴随人的成长。至于能否得到收获，那是每个人自己的问题，我想这与个人的兴趣有关。兴趣不大，游戏也不会玩出名堂。一个人如果在对待工作时，有了玩的心态，那么也就不会有疲惫之感。浓烈的兴趣使人时刻兴致高昂，并且会驱使爱好它的人不断向未知进发。

很多人把工作当成是一种谋生的手段，结果是痛不欲生，所期望的与所获得的也是大相径庭，其根本的原因在于没有创造出价值。一本正经怎么能掀起愉快的激情，没有快乐、没有激情怎么能创造出价值？

游戏可以使人的精力保持蓬勃之势，也即有自己喜欢的事情做，会使人迸发出一份对生活的热忱。生活是人赋予了它意义，其本身并没有什么意义可言。

右右在未能走动之前，把将脚提起来拉到嘴里吮吸视作为游戏，吃完脚吃指头，吃得认真，也吃得开心。有时我把我的脚给了他，他也愿意吃。那时候，逮着东西他就用嘴来吃，也许嘴是他彼时最发达的器官。能到处溜达之后，他自己寻找的游戏就多了。最喜欢的莫过于玩水，在家里是拧开水龙头用手击水，在外面则是找水坑，啪啪地踩着水，欢乐无限。有时蹲下来撒尿，他还玩尿。玩尿的最大乐趣是，找一个小窟窿，掌握好方向尿进去。这些对他来说，都是游戏。游戏玩得别出心裁，乐趣也就无穷无尽。

游戏可以磨炼一个人的性格以及其他。人本来生活在矛盾之中，而游戏时刻都是矛盾的集合体，不断地解除矛盾，再不断地制造矛盾，人才有勇往直前的兴趣和情致。一个人为什么要把理想和目标定得崇高和伟大？因为崇高和伟大就意味着矛盾重重，轻而易举就能实现的算不上理想和目标。

我欣赏孩子们有异样的思维和举动，如果只是刻板地模仿别人没有自己的创造，那他们对任何游戏的兴趣都不会长久。当然，一个孩子的耐心是有限的，这个需要慢慢地培养，别人的约束是一方面，自己的坚持更重要。

兴趣来源于好奇，不好奇也就没了兴趣。人生的价值，就是能对某一两项好奇之事持之以恒地进行探索，而非东一棒槌，西一榔头，或是三天打鱼，两天晒网。一个人一生成就不了多少事，能成就一项足矣。

对于一个孩子而言，在青少年之前兴趣尽可广泛，在广泛中选择自己兴趣最大的，而游戏可以帮助他寻找兴趣。要允许孩子随便玩，玩的过程就是发现的过程，不要以为是浪费时间、不务正业，正业都是在闲业中萌芽的，然后才能茁壮成长、脱颖而出。

右右在家里有一个特别大的盛物品的箱子，里面什么都有，早晨起来的时候，家里井井有条，到晚上睡觉之前却凌乱纷杂，他把东西装进去倒出来，反反复复。最近看他骑着小电动摩托车，故意横冲直撞，把身子俯下去，双手耷拉在前面，到了走不通的地方，身子一斜，故意摔倒。这是他暂时喜欢的游戏方式，我估计过不了多久就腻了，那时他还会找到新的方式，伴随着他收获的快乐。

我们是怎么长大的

我想很多人现在已经不大记得自己是怎么长大的了。记不得，一是因为记忆的模糊，一是对记忆懒于梳理和回顾。随着时间的自然生长，也就忘记了成长阶段的时令，至于细节，都已变得不大真切。

写作这本书，在发现和记录孩子成长细节的同时，我也在回忆我成长中的过往。尽管与孩子前后相差三十多年，但对人类而言是极其短暂的，因而我想共性要多一些，当然个性也各有千秋。在一些大的框架下，我想应该是如一的，也即是应该坚持和发扬的，比如勤奋、积极、善良、独立思考以及待人接物的礼仪等。这些都是一个文明社会下的群体应该去追求的东西，三十年不变，三百年也不变。如果这些内在的东西变了，那只能说我们在走向一条未知的路，当然我们所处的物质环境发生了变化，而且变化不小。高科技的发展，对人而言究竟是好还是坏，需要辩证地去看。最为内在的心灵追求，是崇尚自由、文明和理性的。理性的前提是人类有着独特的情感，情感也是丰沛的、积极的、充满爱的，若是没有这个前提，那来谈人类的理性也没有多大的意义。人类社会若只剩下了理性，也是个很可怕的事情，这也是艺术得以存在乃至发展的重要价值所在。艺术的存在与科学技术的存在一样重要，二者不可偏废。这里又出来两个问题，艺术与科技二者应该是什么关系，可以融合吗？现代社会的艺术与科技又会呈现出什么样的景象呢？需要深思。

现在的孩子，岂止是孩子，都生活在令人窒息的重压之中，这个重压是谁给予的？我一直有一个观点，那就是改变要从自身做起，不要把一切都归罪于社会。我们每个人都是构成社会的一分子，社会风气的好与坏，每个人都不同程度地作了自己的贡献。在这由无数人汹涌而起的潮流中，每个人都成了潮流的牺牲品，这是现今社会中令人害怕的现象。

现在的孩子，基本上没有同胞的兄弟姐妹，他们的内心在面对都是成年人的家庭时是孤独的，没有秘密可言，也没有秘密可诉。我想，孩子们的心理压力与此有着密切的关系。父母如果忽略了自己是如何成长的，那么他们与孩子沟通起来也是困难的，因为孩子的心理世界与成年人是不完全一样的。很多父母会以自己当下的身份和姿态与孩子进行对话，这样难免会驴唇不对马嘴。

孩子在我们的百般呵护之下是弱小的，成年人的行为举止很多时候是在否定他们存在的理由和方式，在此种情境下，他们幼小的心灵还没来得及成长便被以呵护的名义桎梏了。每个人都是从小长到大，我们应该回望自己走过的路，这是与孩子进行良好沟通的重要途径。因为从二十世纪八十年代开始，人伦的成长环境已然大不相同，我们需要移植我们的记忆和经验分享给正在成长中的孩子们。我们曾经的快乐、忧伤，同样也是现在孩子们所拥有的，那时我们是如何化解忧伤的，可以给他们做一个参考，并且我们需要低下身子，聆听孩子们心中的韵律，不为别的，只为他们能快乐而饱满地成长。

一个孩子的童年，在我们成年人的眼里是短暂的。就我自己的体会而言，童年是那样的漫长和悠闲，四季分明，从春至冬，只盼望着过年。所以，年的感觉在孩子们的心里是热烈而企盼的，而在我们成年人的心里，年却是一束流水，匆匆而去。同样的事物，却是不同的感受，所以我们是否忽略了孩子们的心理感受呢？与他们一起成长的同时，要审视一下我们是如何长大的，这样才可能深入到孩子们的内心深处。

旅行

秀丽的景色会给人以丰厚的滋养，别样的风土人情可以予人美好的向往，这估计就是人们对旅行的渴望。旅行在行上，不在游上。若是游，则会是走马观花、浮皮潦草，而行是要逛逛小巷、走走马路、看看近水远山、踩踩泥土、呼吸一下空气。

于我而言，我很不喜欢所谓的旅游景点。现在很多旅游景点都被人为地过度开发，已经了无自然的景观和气息，到处是人头攒动、喧哗鼎沸。很多与寺庙有关的景点更是乌烟瘴气，本来清圣之地，为何那么喧嚣？一些散漫的、随心所欲的景观几乎都被旅游经济所吞噬，所以我更喜欢旅行而非旅游，不愿意去那些人满为患的地方。

什么是景点呢？景点是自然的，天然去雕饰，充满了大自然鬼斧神工的浩瀚和神奇。人类堆砌出来的景点没有什么味道，也根本算不上什么景点。人工景点是人的造作和扭捏所为，即使自然的景点也因人的参与而变得面目全非。

带右右出去走走是经常的事，但我们不会选择节假日，因为这样的时候，即便是最自然的景观，也会因人头的晃动而大煞风景。越是所谓知名的越不去，干吗与别人凑那无聊与热闹呢？带孩子出去，是为了欣赏自然的湖光山色，在让孩子欣赏大自然美妙的同时，也是为了让孩子敬畏大自然，体察大自然的宁静、寥廓和壮美。现在有些人不只是目中无人，就连天地都视之不见。心中无神可以，没有天地行吗？

旅行是为了融合于自然之景，须得闲适与悠然，匆匆去匆匆来就成了旅游。旅行是为了释放心情，心情需要在天地间呼吸，没有呼吸，身心便会沉闷。人类自以为聪明，其实是把自己笼在了窒息的格局中。

现在很多的旅游方式，比如团游、自驾游、驴友结伴而游，我都不喜欢，自然也谈不上欣赏，感觉很无趣。自己与大自然亲密接触的氛围，为什么要让别人搅和或是受别人强迫呢？其实很多人都将其视作是一种潮流，而我偏偏是喜欢逆潮流而上的人，因为我不愿意我的心境被别人侵入。对于孩子也是如此，他们不喜欢自己的兴致被别人左右，带着猎奇的眼睛四处搜寻，这是他们最乐意的。

这些年，每到节假日，风景成了人景，旅游变得毫无趣味、苦不堪言。我想，这些人是在做集体的逃逸，逃逸的地方就是景点所在之地。

我不参与逃逸，我只走在我要行去的路上，还有我的孩子。我们带着一份悠闲上路，带着一份飘然而来，这其中有困倦，有好奇，有兴奋，也有平淡，只是换了一下心情而已，并属我们之所愿。

任何行为变为潮流时，都已失去了其本身的意义。

洞明世事

世事洞明皆学问，人情练达即文章。洞明世事不容易，人情练达也不容易，无论什么都强调的是做人。做人本身就是一门大学问，人做好了再说做事。其实做好了人，我以为事也就做好了，二者互换不了，也即不是做好了事就做好了人。做人是前提，假若人做好了而事没有做好，我认为也不要急，其中可能的原因就是人情还不练达，光有洞明不练达不行。做人的这门学问很浩瀚，一个人穷其一生也追求不到止境。

什么是学问呢？一切的学问都是为人服务的，为人的精神服务的，先有精神然后再创造物质。如果一切学问都是无病呻吟，无关痛痒，那就不是学问了，虽然如此来说，但真正识别出什么是学问还真不容易。我以为，好学问能让人醍醐灌顶、追根溯源，给人指引未知、点拨谜团。当然这只是目的，还应有个精神愉悦的问题。不愉悦很难做好一件事情，文史上说一些人满怀怆痛奋笔疾书成就经典，我不大信。因为只有在愉悦的心怀之下，才可能调动一切可以调动的因素来完成一个事项，痛怀郁结、梗阻重重，怎么能漂亮地完成一件事情呢？因痛苦而产生的愤怒是出不了真知的。

洞明世事的根本是要在备尝快乐与艰辛后去认真地做事情，不躬行其事就不要想着洞明，那是异想天开。就像爱情的病症患者一样，没有体验只是想入非非，结果痛不欲生，生不如死。其实只有经历了、反思了、总结了，才能明白一些事理。

洞明世事还得有一个好的心态，在乎又满不在乎，游刃其间。拿得起放不下，或是不拿不放，皆不可洞明。人情练达也是如此，不练则不达，什么人都要处，处的过程是认识别人的过程也是认识自己的过程，不要怕花时间，也不要怕付出，要想练就行云流水般的处事之功，需要无数经验的累积。

我在想，将来我的孩子应该是什么样子的呢？我期望他在略微洞明世事之后，能坚持自己的观点和原则，能与丑恶背道而驰，不要被眼花缭乱的东西所蒙蔽，柔软的身段之下是他自己的刚正不阿。什么该看得重，什么该放得轻，需要他自己的历练，但始终要做端正之人，行端正之事。一个人的成长，我想关键是要靠自己，靠自己的洞明。眉目不清，浑浑噩噩，随波逐流，是无法获取人生的意义的。被别人乃至社会加在身上的不合理的枷锁，要勇于去破除，这样才可以臻至练达之境。

一个人来到世界上，多少都会被世俗的东西所束缚，这个需要不断地去认识，认识了再谋破除之策。一个人事功的开创，无不是不断突破自己的结果。世界很大，人生很短，凭借努力还是可以创建一番属于自己的人生的。这是我对孩子的期望，仅是期望。

成长即教育

一天晚上我与掌柜的争论一个事情，在激烈处时像吵架。右右好像还没见过这阵势，光着屁股急瞪眼。我们说的话，他截取式地复述一下，因为复述得不周全，有点急，急起来就瞪眼睛，声音也很大，挥舞着小胳膊，来回地在床上走动，甚至还要翻个跟头，以表示热烈还是什么。其时，他正在床上摆弄他的积木，红黄蓝绿，挨接起来，像火车一样。两岁多了，还没有带他坐过火车，只是见过。见我们争论得热烈，他也加入进来搅和，对于他有感觉的词语，他就重复地诉说，逗得我们乐不可支，争论也进行不下去了。

于是，话题就转到对孩子影响的问题上去了，什么说话的方式、说话的用词等，之后又拐到孩子的教育问题上了。我们每个人都曾接受过教育，甚至也教育过别人，这个耳熟能详的词，谁都听得不厌其烦了。可是静心一想，什么是教育呢？对于这样的词汇，我也不想去查字典，因为字典里的解释很多属于刻舟求剑式的，放到一个具体的问题上，用其来做佐证或是帮衬时，就会显得捉襟见肘。

教育的使命是什么呢？我认为是成长，与成长没有关系的都不是教育。我是在现在教育体制的“迫害”下长大的，只是后来做了挣脱。在初中之前，算是最自由的，感觉学校最大的作用是提供了一个聚在一起玩耍的场所，并且伙伴很多。至于学知识，我现在回顾、总结，相对于那漫长的时间来说，学到的极其可怜，并且没有多大的用处。现在的孩子们就更可怜了，从小学开始，就被与成长没有任何关系的分数给绑架了。我们那时候的老师，我认为是最好的，因为他们不把这个当成是一种责任，从而给了我们自由的空间，想上课了就上，不想上了，就让我们自由活动。自由活动无非是打打闹闹，无事生非。那时，我们最大的期望一是干活，一是老师不来。因此我也把什么是好老师定位于此，站在讲台上喋喋不休的，我认为不是好老师。其实对于一个孩子来说，注意力不可能长久集中，不如让他放一会风，因为这是孩子们成长的迫切需求。那时的老师爱动粗，不论是男老师还是女老师。其实动粗也不管用，孩子的玩性不是动粗可以解决的，越动粗越捣蛋。记得有一个女老师大冬天在宿舍里谈恋爱，反锁着门，曾经被打的孩子们众志成城，上房顶给她把烟囱盖用瓦片堵住了。这个行为远比教一加一等于几来得有意义，我认为这就是成长，而且无比的快乐，这是我成长过程中的真实心理感受。上了中学乃至大学也是如此，不喜欢老师喋喋不休。我认为，要是真想教点什么知识，讨论的方式是最好的，效果也明显。如果激发了一个人求知的欲望，那拦他也拦不住。

后来走上社会，所事与所学没有任何关系，甚至可以说，根本就没学到什么，这个学是指在学校机构里所获得的。也有的人说，学校的教育是系统的，对此，我用十几年的时间来思考这个问题。什么是系统呢？有没有系统呢？任何一门学科都是发展的、开放的，有的甚至是不断被颠覆的，抱着陈旧的教材，难道就系统了？如果系统了，也是表面的罗列而已，内在的连接关系却被丢弃了。何况又有谁能掌握得了系统呢？一味地去掌握系统，我想能把一个人耗死在那里，那还能言什么创造？我的体会是，受到的束缚越小，创造的可能性越大。

而成长就是创造，创造才是真正的教育，复制别人的东西，那是在浪费生命。记得我小时候，弄了些黄瓜籽，春天的时候，刨个坑，撒泡尿，就把籽儿种下。我每天都会抽出时间看看它长得如何，从发芽到撑杆缠丝以及开花结果，都在看它的变化。它的变化就是成长，我只是偶尔想起了用尿伺候一下。人的成长也是如此，有它自己的规律，照应得勤了，难免就心生殷切，此时就恨不得拔苗助长，这样也就死得更快。

一个人的成长需要借助很多因素，这些因素其实就是教育，成长是个很复杂的心理化合作用，只有在心情的感知下，这些因素才会发生作用，进而形成认识并指导人的行为。学校的那点教育，根本算不上教育，可以随便问一个人，他的成长更多是在哪里获得的，就明白了这个问题。以我的思考，我也不认为学校的教育是人成长的起点。这个起点，在玩尿泥的时候就已经开始了，而且重点也不在学校教育，这是无数人所认识不到的误区。

很多人爱炫耀在学校里如何如何，我也曾经炫耀过，后来发现根本不值得炫耀，因为那是在刻舟求剑地臆想一个人成长的简单，也是在把教育做了幻化的阉割。高学历的人往往如此，将学历教育盲目夸大，名不副实。

人伦

在人的成长和教育中，人伦的秩序和构建是个很重要的问题，其对一个人的家国意识、责任意识、尊卑意识、心理意识等都有很大的影响。现在的孩子基本上都是独生子女，父母们对这个问题需要反思。

《三字经》有云："高曾祖，父而身。身而子，子而孙。自子孙，至玄曾。乃九族，人之伦。父子恩，夫妇从。兄则友，弟则恭。长幼序，友与朋。"从高祖父到玄孙称为"九族"，这"九族"代表着人的长幼尊卑秩序和家族血统的承续关系。人伦关系就像是一株树木的根系，不强壮不丰富，就很难抓住土地成长起来。只有亲近的人伦关系，才会无形地让人生出一种踏实和自信来。或朋或友，那是人际关系后来建立起的，而其中彼此的信任是个最大的问题，信任是人心灵深处的美好需求。如果一个人没有亲近的人伦关系的滋养，那他对陌生的社会将会抱持什么样的心理呢？

二十世纪八十年代之前出生的人，基本都非独生子女。兄弟姐妹是每个人在人生初期的重要伙伴，长大了，因为事业的不同走向，可能各奔东西，但他们之间亲密的关系纽带是无法斩断的。即使有些罅隙，是正常的也是很少的，至于相互的帮携，古往今来还是一个大的方向。民间有"打虎亲兄弟"的说法，这样的真挚关系，很难被社会上的一般朋友所取代。最近我在思考一个问题，孩子很孤单，如何才可帮助他建立一些亲密的关系，让他拥有几个亲密过从的伙伴呢？这个关系如何建？又从哪里去找？难道我们大人可以帮他找得到吗？

我们小的时候，伙伴关系的确立靠的是自己，父母从不参与。自己与谁疏远了、与谁亲密了，父母只是问问而已，并提醒要好好相处。无论疏远还是亲密，都是我们自己与人接触、交往、判断之后的选择，偶然性很大，并且很大程度上是将臭味相投与否作为选择的依据。至于父母担心的与坏孩子在一起就变坏了的说法，很大程度上也是武断的。作为孩子而言，其实只是顽劣，如果向坏的方向有所萌芽和发展，也是大人之过。

就小伙伴而言，还回到刚才所提到的，如何帮助他寻找？如果父母出面帮助孩子完成这个工作，其实是变相的媒妁之言，因为我们考虑的视角和孩子之间的兴趣感觉是很不一样的，并且这样是否有利于他自身的成长呢？与什么人相处来往，很大程度上取决于一个人的禀赋和气质，就同样一个人而言，有的人喜欢有的人不喜欢，只有喜欢才是愉快的。

现在很多孩子在三岁时就被送进了幼儿园，难道也是为了让他们构建这样最初的人际关系吗？是否太早了一些？也有人说，去幼儿园也是玩，为何不去？在我三岁的时候，我还不知道几点才起床，干吗要赋予这样一个幼小的生命以程式化的强迫？这样的做法，我想只会有损于他们心智的发育，等他们基本玩够了，再进行这样的教育才是合适的。

《颜氏家训》里言："夫有人民而后有夫妇，有夫妇而后有父子，有父子而后有兄弟：一家之亲，此三而已矣。自兹以往，至于九族，皆本于三亲焉，故于人伦为重者也，不可不笃。兄弟者，分形连气之人也，方其幼也，父母左提右挈，前襟后裾，食则同案，衣则传服，学则连业，游则共方，虽有悖乱之人，不能不相爱也。……兄弟不睦，则子侄不爱；子侄不爱，则群从疏薄；群从疏薄，则僮仆为仇敌矣。"人伦之胜景，自然呈现。也只有在这样的环境之中，才能体会到成长的秩序和意趣。现在很多成长起来的独生子女缺乏基本的秩序意识，我想与此有着密切的关系。我说过，基本的人伦关系是一个人具备社会意识的开始。

在现在这样的社会环境中，能有一两个兄弟姐妹，对一个孩子来说是幸运的，也是幸福的。过去的孩子称呼父母都是"您"，如果该称呼“您”的称呼“你”，则会被呵斥甚至打骂。现在基本都是称呼“你”，有的人说，这是父母与孩子之间的一种平等的表现。我不大认同，没有起码的长幼尊卑，又如何形成基本的道德意识呢？这虽然是个简单的称呼问题，但其实是关于内心秩序建设的问题，现在很多人都将其破坏了。

传统教育里面很实用也很管用的一些东西，现在都很难再见到了。我想这也和现在人伦关系的惨淡和坍塌有关。现行的计划生育政策，是否应该对此做些深入的反思呢？这个政策导致了一系列问题的出现，是根本。人伦层递关系的缺失，会使人与人之间的关系越来越生疏，这个现象不只体现在社会关系中，更体现在一个简单的家庭里。而一个人的社会关系首先要从家庭出发，然后才能扩展出家庭之外的社会关系，只有这些关系都和谐的时候，一个人的成长才会是丰满的。

教育的理想

现在的教育没了理想，是个能看得见、摸得着的事实。无论从家庭教育始，还是从学校教育终，已经看不到教育理想的旗帜飘扬了，到处是功利主义和现实主义奔忙的身影，无数的人参与其中，兴致高昂，险象环生。无数的教育书籍也无不充斥着这样的荒诞和诡谲，成功成了一切教育的目的和指向。于是，教育成了一座荒漠化的城府，呻吟着现实的惨叫，突显着满目疮痍，残喘着迷魂的气息，而有关人的心灵的问题，却视而不见。所以，现在的心理教育就风起云涌、推波助澜，似乎是民间偏方、灵丹妙剂，其实是在这样的情景之上雪上加霜。我也曾有心去聆听这样的教育，在我看来都是谬见。所以，我大生疑惑，这样的教育究竟能起到什么作用呢？这样的心理医生，本来就是一些病入膏肓的人，又有什么能力去医治别人的杂症和创伤呢？

现在教育面对的问题复杂而又简单，那就是丢弃功利的包袱，还人以正常。这个工作应从一个新生儿做起，让他们快快乐乐地拥有自己的童年。人并不是在压力之下长大的，在不该有的压力的负荷之下，人会被扭曲。世界上的一切美景，不都是自然而成的吗？自然有它自己的比我们人类更复杂的严苛的规律，在促使着万物的生长。

托尔斯泰说："孩子们比我们、比所有的教师都更接近真、善、美。说我们教育孩子，毋宁说是一种僭越。我们有许多东西应当向孩子学习。"我之所以搬出二十世纪初就已作古的他，是因为我与他的认识是一致的，类似的观点已在拙作《感谢孩子》里有所陈述。其实现代人对教育的理解越来越在倒退，理解如此，那行动更是如此。

理想的教育不是什么优良的师资、宽敞的校舍、安全的校车、高档的设备。前一者是软件，后三者是硬件。硬件很容易解决，软件却非一朝一夕之事。理想总给人一种期望，使人内心充满着对美好的渴望，内心的充实与否从根本上决定着一个人内心世界的宏大还是偏狭。一个人活着的更大意义在于经历之后有所收获，而非全部是对物质的占有和消费。没有对物质的驾驭能力，其再多又有何功用？人有自己追求的精神世界，这个世界就是心安理得，有价值。被金钱和物质糊了心眼的人，真正意义上来讲，都是残疾了的人。

再谈师资，现在整体的师资水平令我怀疑。什么是师资呢？我想，人格和道德是师资最重要的资本，其次才是知识、视野。在功利主义至上的环境下，家长的素养与教师的素养一样贫瘠和菲薄，在这样的土壤之中，如何能滋养出健壮、活泼的生命？

正是这样的现状才需要理想与之抗争，这也是理想教育存在的必要和价值所在。现在农村都没有小学了，小学哪里去了呢？小学都像工业生产一样集约化和规模化了。教育人的事情，怎么可以工业化呢？在这样的环境下长大的孩子，其内心对外物的感知可以说是麻木的。若此，那他的精神世界还会有春风桃李花开日吗？

我也说过，一切教育的根本是对人灵魂的塑造，而不只是知识和技能的培训。如果所有教育的目的都只是为了教授生存的技能，那么教育也将寿终正寝，而人的精神世界呢，也将跟着凋零。

若有心事

一天和掌柜的说，周末了回爷爷家一趟，右右不知是怎么听到了，当时没有反应，晚上回去了，说，爸爸，什么时候回啊？我问，回哪里？他说，坐车车。我问，为什么要坐车车？他不说话了，看着有点委屈，哼哼呀呀的。他在意的是去某一个地方，可以坐车车。一说坐车车，就高兴得不得了。上了车基本很安静，若是走长途就更安静，因为过不了多久，他就进入了梦乡。

哼哼呀呀几声，其他的事情就让他把这个事情忘掉了。第二天早晨醒来，他不再像以前那样活蹦乱跳了，穿上衣服，问句话也不搭理。随后就尾随着我，问，爸爸，你上不上班？我说，上啊。然后他就不高兴了，也不说话。叫他洗脸吃饭，也不应，躺在床上眼神有些眯瞪。摸了一下头，也不烧，是怎么回事？早晨我洗了澡，唤他帮我拿鞋，也没有反应。这是怎么了？

然后他又问妈妈，回不回家啊？妈妈明白了，心情不悦的原因是想坐车车。说的是周末啊，还有几天呢。妈妈就对他说，周末了，爸爸不上班咱们就回。然后他又对我说，爸爸，你不上班了吧。我说，上啊。看我穿好衣服，他的脸就拉长了，以为我是要去上班。其实我就是去上班的。

每天出门的时候，我们互相都会打招呼，他也会扬起自己的小手，说再见。这天要和他说再见的时候，他表现得很冷淡，说了几次，才勉强伸出左手和我相握。握了手之后，他说，你快上班去吧。听这个话音是有点抱怨。我一边关门一边点了一支烟，等出了楼，他趴在窗户上喊“爸爸，爸爸”，其他的话没有。我抬头和他摆了一下手，说，再见。

他也没有反应。

看来心事很重，没有如他所愿。

发动了车，感觉天气有点冷。这几天不知道他吃了什么东西，身上的红斑点比较多，妈妈计划要带他去看一下医生。正好天气冷，不如把他们送去，而且也能让他坐一会儿车车。随后我就打电话，接电话的是他，第一句就问，爸爸，你在哪里？我说，让妈妈接电话，他嘟囔了几句，就把电话挂了。

在上班的路上，我一直在想这个问题。他心事的生发是因为在期待他的一个愿望，如果达不到，就心事重重。以前他没有这样过，一个愿望达不成，很快就被其他的事情替代了，而愿望早就忘到九霄云外了。这次却是前后跨了一个夜晚，仍然记着。

记得我小的时候，至少也有四五岁了吧，一听妈妈说要走亲戚，就特别兴奋，视线一会儿也不离开她，因为怕她不带着我去。那时候就注意观察他们的一言一行，若是整整齐齐地换上了新衣服，就感觉走亲戚有戏了。我穿上新衣服，虽然有些别扭，但心却早已飞走了。有时他们很磨蹭，我心里就越是急切。也有几次，我妈故意把我支走，让我的父亲先走，在一个地方等她，她随后跟上。看他们的样子像是偷偷地约会，他们高兴了，我的心里却是莫可名状的空落，极是沮丧。这都是孩子心里对愿望的感应，于是我也就明白了孩子为什么心事重重，只是他生发的年龄似乎要比我早些。

对于他的这些美好的愿望，我可以满足他，这是心理发展的自然过程，也是自然的美好需求。

认真对待孩子

孩子们闪亮的眼神，总是那么清澈和纯洁，汪然灵动。他们所有的心理活动，从眼睛就可以看出来，没有一丝的狡亵。他们在争取自己愿望的时候，也是那么诚恳。我想，这是大人们要向孩子们学习的地方。这是一个人的宝贵品质，如果一个人能在一生当中有所葆持，那么是一件美好的事情。一个人丧失了这般纯洁，其实是已经做了很多不光彩的事情，所以就变得奸巧，因为无法坦诚一些事情。即使肮脏，我想坦诚的价值也远大于将其包裹起来。然而这似乎又是众多成年人身上难以抹去的，有的人视之为圆润，或者视之为深厚的城府。在纷繁的世界中，这个似乎又是必不可少的，也似乎只有幼稚的人才会坦诚，于是八面玲珑的人目不暇接。

成年人对于幼稚的理解，很大程度上是对不入世俗规则的一种无奈的顺从。世俗规则，很大程度上都是在违背人的真实内心的基础上而构建起的一种离经叛道。于是，无数的人在这条道上渐行渐远，有的人则是将其标榜为成熟。

对于一个孩子而言，他们都是在直接地表达他们的愿望，无论优劣好恶。其实他们的言行举止最为真实，更接近于精准的判断，没有掩隐。

认真对待孩子，是要对待孩子的真实愿望，他们的身体是柔弱的，但他们的心灵未必也是柔弱的。孩子们眼神里的熠熠之光，是一种纯真的映射，我们是否忽略了他们这种神灵之光的辉耀呢？

孩子看似很难沟通，其实很好沟通。沟通不畅，是因为信息没有对等，心态没有衔接。沟通时要看我们的要求是否与他们的需求做了和谐的交融与共鸣。

最近给右右理发，我有了新的发现。他并不是不愿理发，而是我们对待他的方式有问题。以前理发，总是给他裹一块布，头发楂子有很多掉在了他的衣服里，他痒得难受，所以一理发就哭。以前哭，我们并不了解真正的原因在哪里，只是想当然地认为，不就是些头发楂子嘛。对于他而言，像推子这样的机械物件，他其实很感兴趣，只是因为头发楂子的问题，对这个兴趣也弃之不顾了。最近换了方式，就是让他脱光衣服坐在凳子上，理一下照一下镜子，他就感觉到变化了。孩子们之所以对事物感到好奇，也是因为变化的存在。看着理下来的头发，他也有一种成就感。所以理的时候，也听话了，让低着头就低着头，让转一下身子就转一下身子，很配合。

我想这是认真对待的结果。

最近他又长了新的本事，那就是让我坐在床上，他踩着一些东西，上我的肩膀，等到骑上去的时候就说，爸爸你站起来，我成了他的梯子。让我站起来的意思是想触摸房顶上的灯，摸一下就很开心。有一段时间，一到晚上他就仰头看灯，原来是在琢磨如何上去。这个问题解决了，他就把书摞起来，靠着墙，然后再在下面拉条毯子过来，颤颤歪歪地摸索上去，往下跳。对于类似的问题，我一般不会帮他，尽量让他自己想办法去完成，实在有哪一步没法子了，就帮他一下，但我不会马虎地对待他的期望。在对待的时候，需要认真琢磨他的想法，虽然是一个小小的游戏，但对他来说却是当下最有意义的事情。

谁没有自己所热衷的事情呢？一个人不就是在琐碎中成长起来的吗？认真对待琐碎，就是认真对待他们。

审美意识

对于一个人来说，审美意识是潜在的和固有的，是需要培养和熏陶的。美是什么呢，或者什么是美？我想这是与一个人的生命信息密切相关的问题。有些美，大家的认识是一致的，有些美，则是见仁见智。美的东西遍布于我们的周身，可感、可视、可闻、可触，也可用心会意。世界上的一切事物在人的感知中，都会存在美丑的问题。这也是一个与心灵攸关的问题，正因为与心灵相关，所以这个问题较为复杂。同样一个事物，在不同人的眼里便是不同的景观，和一道菜一样，有的人认为是美味，有的人则不然。这与每个人的生活环境又有密切的关系。

“乱石穿空，惊涛拍岸，卷起千堆雪”，在有的人看来是江山如画，在有的人看来则是乱糟糟的。再如楼台亭榭、桥车舟楫、厂房机器，乃至日常生活中的衣帽裙履、壶碗杯盏、家什灯具，无不是我们的审美对象。这些东西的出现，首先有一个人或是几个人在决定设计和使用，但是决定的人未必与看到的人有同样的感觉，有的人会认为那是一堆废物而已。

美有规律吗？这也是美学里一直探讨并将永远探讨下去的问题。我认为一人一个认识，若有雷同也是臭味相投使然，不能把一些人或是一个群体的共同认识当成是规律，规律更多的是存于每个人的内心。自认为美的即为美，何关他人？对于美的认知涉及很多因素，因为因素的差异而导致审美的不同。一个孩子出生后，对美丑也有自己的判断，比如在色彩、气味、形状等方面。右右在一岁多的时候，开始帮我从鞋柜里拿鞋，我穿的鞋有几双，若让他做这个事情，他只会重复地帮我拿一双他喜欢的鞋。这双鞋系有鞋带，是我比较中意的一款，所以经常穿。有一次因为穿的衣服变了，我搭配了另一双鞋穿在脚上。右右这时发表他的意见了，说，爸爸，穿这个，一边说一边把鞋扔到我的跟前。我穿上了另一双鞋，他则表现出不高兴。然后我问他，哪个鞋好看，他指着他选定的说，这个。

这是我最早注意到的他对一个事物的评价。

之后给他买衣服，一般都是他妈妈自作主张买的，也即她认为是好看的，但是拿到他的面前他则未必感觉是好看的。一次一个外地的朋友给他带来几件托人编织的毛衣，摊在他面前，他没有喜悦的神色，让他穿，他也不干。毛衣的色彩比较绚丽，在我看来有的合适有的不合适，无论款式还是颜色。

曾经给他买过一双小的运动鞋，大家都以为好，但他不喜欢。给他穿上去了就哭，即使不哭，他也要坐在地上使劲地蹬脚，往下拉。换了一双鞋，好了，到处蹦蹦跳跳。

现在我每天早晨换衣服，他就坐在床上指手画脚，说，这个好，那个不好。我有一条皮带他很喜欢，不让我系，而是要给他系上。系上了就去照镜子，还不时低下头看看摸摸，很满意的样子。就是家里的书，他也要做出自己的评价，喜欢的就爱不释手，不喜欢的扬手就扔掉。

整体而言，他的判断与我大致相近，这难道是遗传的结果抑或是熏陶的结果？在遗传方面我还没有足够的证据来说服自己，我更相信这是熏陶的结果。后来我也给他买衣服，发现他基本都很喜欢。

我想，生活中的一切都是熏陶他的审美意识的机会，我们应该注意这些点滴。

真实的体验

现在很多孩子们，包括已经成人的年轻人，对人生的体验可以说是越来越少。就说现在很多小学生，在上下学时间，基本上都是被当作宠物一样接送，被当作货物一样搬运。我就在想，究竟是人的能力萎缩了还是人的爱心增强了，一个人必须自己做的事情，为什么要别人代劳呢？我清楚地记得，第一次被送去上学的时候，我庞大的书包里只有一支父亲给削好的铅笔和一个新买的作业本。作业本上父亲帮我写下了我的名字，还有班级。书包是姐姐用过的，因为姐姐和我挨得近，并且书包是用穿烂的衣服拼接出来的，所以花花绿绿的。母亲和老师打了招呼，老师安排我和其他小朋友挤了一张桌子，然后我就开始了上学的生涯，这也意味着我的生活有了新的开始。

其实，上学之前也没感觉生活不易，每天被快乐充斥着，过得很自在。母亲走了，哭上一阵子就没事了。在我的印象里，母亲一辈子只送过我两次，一次是上小学，另一次是去上海工作，那是从北方到南方的远足。就这么简单，剩下的路就是我自己走了，生活要靠我自己去体验。上初中的时候，是父亲送我去的，安顿好了班级，他就走了。高中的时候，是我自己去的，周末放假自己回家。再后来上大学，别人也没有送过。现在很多上了高中的孩子，父母依然接送，这样的孩子我认为都是阿斗。

在上小学三年级的时候，我们已经有了早晚自习，说是自习，其实就是在家里没睡够，到了学校继续趴在桌子上睡，尤其是冬天，因为冷，那觉睡得特别美。要是下了大雪，我们深一脚浅一脚就去了。踩过雪的印子和声音，可以说是连接着心灵的感知；冻得瑟瑟发抖，也是一种深刻的体验。夏天时很热，我们用酒瓶子装上水，竖起瓶子就牛饮起来。那时候学校有一个食堂，课间的时候，我们去喝水，不用瓢，而是趴在瓮沿上，直接把头伸进去，洗了脸也喝了水。这些碎屑之事，我们都是亲自完成的，有着刻骨铭心的体验。现在很多孩子，张嘴即可，就像大棚里的蔬菜，没有受过什么日晒、风吹、雨淋。现在的蔬菜不好吃，也可以想见现在的孩子如何。

再说玩游戏，现在很多孩子玩的都是程式化的东西，玩得再好，也只是顺从一种程序而已，没有创造，是消极地、被动地玩。我们那个时候想玩，都得自己亲自做。现在很多孩子并不是没有机会，而是机会被别人剥夺了，所以成长起来就像空心菜一样，看似粗壮实则干瘪，对于什么是辛劳、饥饿、寒冷、酷暑、困难等都没有了切身的体验。没有这切身的体验，可以说一个人的身心是空虚的，其对喜怒哀乐、人情世故的感知也是浅薄的。

右右打小起，摔了、碰了之类的，就让他自己去感知吧。以前姥姥一直喂饭，我说喂什么啊。姥姥说，不喂吃不饱。我说，还是不饿，饿了他就吃了。我们成年人纯属杞人忧天，唯恐天塌不下来。没有自己的亲身体验，一个人对生活的态度就会是消极的，对自己的未来就会是迷茫的，自己也会是自卑的。现在很多孩子盲目的自信，不堪一击，也是因此而来。

要想培养一个孩子健全的身心和人格，必须让他自己去做真实的体验，没有体验，他能了解自己、理解别人吗？没有真实的深刻体验，一个人的意识深处只有顺从，像机器一样，任人摆布。一个可以任人摆布的人，又怎么可以强大起来呢？

客气，礼貌

我父亲有八个孙子女，大的上了高中，小的走路刚刚稳，前后跨越十几岁。我在观察这些孩子们，哪个有礼貌，哪个没有礼貌。这些孩子到了父亲的家，看样子都是高兴的，但每次见面，没个打招呼的，只是老父亲摸着孩子的头，问这问那。被摸的孩子，也基本上是低着头，接受这种自然慈祥的沐浴，有的还会表现出害羞的样子。

这样的经历我也有过。小的时候家里来了客人，我都是趴在门帘的后面审视对方，也不懂得问。后来母亲要求我，来了客人要问。

右右稍大一点之后，家里来了客人，我也会像母亲曾经要求我一样去要求他。在他大约一岁半的时候，每天晚上睡觉，他会和姥姥说晚安。每天早晨，我出门的时候，要和他说再见，或是握手。说完了，他摇着手说，再见，你去上班吧。我不会偷偷地走。

这样礼貌的言行，我想带给谁的都会是美好愉悦的心情。我们之所以要求孩子如此，目的也是让孩子从小懂得礼貌，礼貌待人只有好处没有坏处，这是人际关系和谐的基本要求。但是礼貌太过了就是客气，客气太过了就是虚假。

我至今不会对我的父母说出“谢谢”“再见”“晚安”等礼貌用语。每次和父母分别的时候，只是说，回去哇，走了，也不会摆手，就是见面的时候，也不会说“你好”什么的。我也想过，如果我摆手说再见，父母心里的感觉肯定是陌生的。陌生便会产生距离感，这样平实，反倒心里很温暖。每次和他们分别的时候，从后视镜里总能看见他们依依不舍的身影，直至谁也看不见的时候。

每年我会回去几次看望风烛残年的姥姥，她腿脚虽然不灵便，但每次也要送出老远，拄着一根拐杖，老眼昏花地望着我离去。这种离去，无需太多的言语，孤独成了脑海里一尊孤独的像，亲切而又惦念。

这些都是亲人之间微妙的感觉。

那么和社会上的朋友乃至陌生人是否也能如此呢？礼多人不怪吗？我想有的可以，有的不可以。不可以的，非得有过分的客气装饰起这样的虚假，虽然这样的虚假每个人都是可以感觉到的。其实，人与人之间的交往，大部分都是肤浅的，客气是肤浅的一顶帽子。

我长这么大，和父亲通过几次信，那时通讯还不发达，而他只回过一次。信的开头是我名字里的最后一个字，接着就是叮咛的话语。现在想不起具体的内容了，只有那一个字的称呼，终身不忘。现在通讯发达了，拿起电话就可进行交流，但是记忆里却苍白得很。过分的礼貌和客气，也是苍白的。

右右在一天一天长大，我想将来的人也不会写信了，即使写电子邮件也是浮皮潦草，历历如人的字迹很难再看到了，更无法去展读。

所以说，现在的人究竟是礼貌还是不礼貌，客气还是不客气？很多人漠视和呵斥长者，没有最基本的道德，又何谈礼貌？礼貌对上也得对下，因为人都是需要被尊重的。

对于孩子，我有一个要求：对长者的礼貌须一以贯之，温润委婉，春风如沐，多点真切，少点虚假。

关于文明的思考

对于文明，国人向来以西方世界的价值模式作为评判的标准，西学东渐之后尤甚，自己的却弃之不用。文明，我不知道在字典里是什么意思，我以为文明的概念是相对于粗野而言的，并且有很多相应的规矩。比如，吃饭时大声喧哗，或是吃饭哩哩啦啦，这在我们接受的教育里面便是不文明的。还有印度人如厕后端个小盆洗屁股，而不是用纸拭，很多人说印度人不文明。我奶奶活着的时候，擦屁股的方式更特别，屁股夹着土墙上下挪动即为擦，久而久之，墙角的棱角就不见了。我认为这些都无可厚非，也体现不出真正的文明。而在大庭广众之下骂人说粗话，我认为是不文明的，但写在小说里似乎又很有味道，似乎粗话宜写不宜说，这也许就是书面语言和口头语言的区别。所以文明也是如此，要看它体现在什么样的情境之中。

因暑假，将右右放在农村居住了一个月。刚去的时候，他有些不适应，到小卖部买个东西，只要他旁边有人，他就说，排队。有一次，他嘴里吃着一块饼干，一个孩子立刻从他的嘴里抢了去。他有所反应，但不知所措，因为他还没有学会遇到侵袭时要做出相应的反抗。等我一个月后再见到他的时候，他可以随时抡起巴掌扇比他大的孩子了，对于自己喜欢的一些东西也会去抢。就这个小事，引发了我的思考——对文明的思考。

究竟什么是文明？文明也是一种潜规则吗？我们从小对孩子的文明教育，真的是文明吗？我以为，没有对抗过野蛮的文明不是真正的文明，文明与野蛮必须相互交替才能显示出二者的分别。对于一个只接受过文明而未体会过野蛮的人来说，文明的价值很微小，反之亦然。

就我们的国民而言，在遇到重大的国家事件时，往往会被“有理、有利、有节”这句口号所束缚，这个口号从表面上看是文明的，但真的文明吗？尤其在面对诸如美国这样的国家时，这种文明又有多大的现实价值？

在我的印象中，干涉他国就是美国的“文明准则”，这样的“文明”难道不是野蛮的行径？以别人的价值来评判我们自己，是否有点不伦不类或是不切实际呢？所以我们在面临重大事件的时候，总是很被动，进而显得束手无策。就像我的孩子一样，按某个标准他可能很文明，但是在遭遇野蛮的侵袭时，这样的文明管用吗？日本号称是一个文明的国度，尤其是现代文明，而我们的国家似乎是古老的文明。既然按历史或是国际法，钓鱼岛是我们的，为什么日本还要据为己有？同时，我们又为什么做不到名正言顺、豪气万端、理直气壮呢？我们的文明显示，好像是我们要掠夺钓鱼岛，这里文明的界限在哪里？文明是用来约束自己还是用来征服他人的？我有一个朋友的妹妹嫁给了日本人，他说，日本人素质很高，也很文明。我说，高在哪里呢？他说，很谦恭。我想这都是表面的举止，文明的背后还是利益的博弈，或者是用文明来做幌子。

文明在面对与野蛮的激烈冲撞时，便显得不堪一击。这时，最好的方式是以暴制暴，回到暴的文明中来。我的孩子在野蛮中学会了对付野蛮，我认为这是一种极好的方式，如果继续文明下去，那么他会永远表现得羸弱而被人欺负。文明如果表现为懦弱，那还是文明吗？关键是对两种环境的转换和行动，这丝毫不影响他对文明的追求和建设。

穷养和富养

办公室的花换了一株又一株，一盆又一盆，刚弄回来的时候奇姿异发、青翠可人，栽花的盆子也好看，显得盆景相随，也可说是情景相随。但是很少有能活过一年的，长出几片翠绿的叶子之后便颓势难挽，水勤了不行，不勤了又不行，很难伺候。唯独两盆虎皮令箭，长势喜人，尤其其中的一盆，嫩芽初发而且不断地发，发得人心快然。所以我特地给它们饱饱地浇了一回水，算是犒劳，平时呢算是虐待，烟灰、茶叶水随便倒，也未见凄凄惨惨。我估计过不了多久，它们又能发些新芽出来。

我在想，人类是从什么时候开始将植物移植到家里的呢？最初的人类哪里又有家呢？估计连个草窝也没有，随时随地吃喝拉撒，不也存活下来了吗？反倒越往后越不争气，于是就想到了孩子的穷养和富养。关于这个问题很多人在探讨，我感觉都没有好的启示以给予他们好的认识。有的说，穷与富是钱财的问题，有的说是精神的问题。我看二者都偏颇，何故？关键在“养”，这是个大问题。在我小的时候，“养孩子”就是生孩子，生的那一刻才叫养。现在生孩子叫“分娩”，养呢，变成了豢养，也即喂养，圈起来养。“养”这个字最初的含义很简单，就是羊食草。现在是简体字了，只能看到羊，看不到吃了，所以简化字问题也不少。本意难寻，人们精神就出现恍惚了，就如同我们现在养孩子一样，手足无措。所以说，孩子是需要自己成长的，而不是用来养的，这是现代很多父母们犯下的大错。现在很多孩子从一出生，其实就已经丢失了自己成长的本能，所以也只能靠养了。

也有很多人说，现在的孩子聪明，对此我是充满疑问的。就学术而言，我们现今学术的繁荣程度无论如何也没办法和先秦时候相提并论，是我们聪明还是古人聪明？所以，现代人说自己聪明，我无法赞同，就如同说我们现在的孩子聪明一样。很多父母的这种看法是盲目的沾沾自喜，从那自喜的微笑的嘴角是可以读出一些愚昧的。

如果非要说养孩子，或穷或富，那么，重要的是家长的素养和行为。家长的言行，点点滴滴都会沉淀反映在孩子未来的言行里。现在学校开生理卫生课，有这个必要吗？社会上开设的各种班更不必提及。其实也可以有这么个认识，当社会上什么越是风起云涌的时候越需要认真思考什么。教育的问题需要探讨吗？需要！但不要过度。孩子们需要穷养还是富养？我认为不需要养，自然而然即可。现在社会上对这个问题的关注，我认为就像现在越来越多的女人们做剖腹产一样盲目，根本的问题是不自然了，就像我办公室养的花一样，越自然越茂盛。

那什么是自然呢？抓大不抓小。大的是方向，小的是细节。大的方向需要把握，小的细节自己成长，成长到一定的阶段后，小的也变成大的了，这时孩子也就长成了。干涉太多，反倒弄巧成拙，所以要丢弃穷养和富养的怪诞问题，回归自然。体现在孩子身上则是少干涉，吃饭自己来，无需喂，其他莫不如此，不能剥夺他们本该自己成长的机会。

书，笔

我的家里到处是书籍，而且种类多样。就我从小的成长环境而言，书给了我很大作用，也伴随着我成长的充实和快乐。童年时，我是随意地看书，只要是自己喜欢的。我的父亲在邮局工作，所以我也就有了别的孩子所没有的这个环境。可是我家里兄姊四个，不全是喜欢读书的。

那时候，可以说基本没有垃圾书，不像现在，参差不齐无法选择，选择读什么书很重要。我家里基本没有无病呻吟的书，所以让右右对书产生了兴趣，我也就放心了。他对书的态度一般是看图画，图画是他最易与周边事物发生联系的媒介，至于里面具体的文字，他的兴趣还没有上来，但也能约略分辨出字的疏密。然后就是撕书，似乎他喜欢听到撕书所发出的声响，就像吃饭，很大程度上是玩，玩着玩着就吃饱了。在他一岁半的时候，我已经不主张端着碗追他喂饭了，吃饭是人的最本能的需求，用不着强迫。

在床头柜上，我放置了几摞书，一是为了我们读书方便，一是为了让他可以随手触摸到书。每天晚上，他有一项基本活动就是把书推倒，撒得遍地都是，然后再一本一本摞起来。摞的时候，一开始是杂乱无章，所以摞不了多高，书就倒了。接着再重摞，两只小手尽量把书的两边弄整齐，一本一本摞上去。现在的书很多都有勒口，他就把勒口窝回去，往上不断地加高。

要是在摞的过程中发现一本书的封面与他所见过的东西有相似之处，他就专注起来了：倒着看，正着看，或者说是汽车，或者说是柜子，或者说是冰箱，或者说是苹果。说对了，我们就一齐鼓掌。他鼓掌一般掌心都对不住掌心，但表现得很快乐。鼓掌是他从电视里学会的。

我注意到他鼓掌的时候是喜悦的，看来高兴的事情也是来自于内心深处。

当然也有程式化的鼓掌，实则是起哄而非礼貌。这个我有经验，所以在很多公共场合，我很少鼓掌，任由别人掌声的潮水此起彼伏，因为我感觉很多的掌声是手痒之故，而非来自于内心的共鸣和尊重。

对于赏识教育，我的认识是不可乱用，适可而止。过度了，会破坏他的自然性，也会让他变得盲目和依赖。据我观察，现在很多人是在过度的赏识之下成长起来的，此种环境下成长起来的人盲目自信、不堪一击。过度赏识会变成一种恶性肿瘤，这在现实生活中也是屡见不鲜的。

我有一个习惯是不动笔墨不读书，只要读书必须有笔伺候，随时把自己的认识和感想记录在书的空白处。这个习惯也是小时候语文老师反复强调的，形成了习惯后就难以改变。所以家里也准备了不少笔，但是右右拿上笔就到处画，书上、墙上，只要色彩对比鲜明，他就感觉有乱涂乱画的必要。因此笔和笔帽总是分家，很多经过他的手，也就不能再使用了。但是我要看书的时候，就让他拿笔去，他总能找来，或是在沙发上，或是在一个杂物盒子里，或是在床下。要是在床下，他就爬进去找。在找的过程中，要是又发现了其他感兴趣的东西，他就不出来了，找笔的主要目的就忘记了。我也在想，这个时候是否要培养他做事善始善终的习惯呢？想来想去，还是不着急。因为孩子的记忆力短暂，好奇心正是强烈的时候，不能因为善始善终压抑了他这方面的发展。倒是我每次吃完饭，让他帮我抽一张纸，擦完嘴，再让他扔到垃圾桶里去，这个基本能做到，其他的就慢慢来。

至于书，只是让他从小感觉那是他一生应该珍有的伙伴，希望他能快乐地去书海中遨游。

第一印象

第一印象是深刻的。

这样的感觉孩子有，成年人也有。在处事交友中，这样的感觉会表现得更明显。我们不可否认，很多时候我们是凭感觉做判断，而且很大程度上是不由自主地。在一个新生命诞生之际，他的生命信息的触角并非我们所了解的那么贫弱，所以我们也不能自以为是地认为孩子很简单。

感觉又是什么？我认为包括视觉、味觉、触觉等，在人经历了生命的成长之后，还有经验和无意识的作用，此外还有思维所作出的反应。

四个月的时候给右右添加辅食，水果就只添加了苹果，是那种绵绵的苹果，拿勺子刮着果肉喂他一点点。可能那个时候他被动接受的成分要多一些。从那个时候起，苹果的形状、颜色、味道就深深植根于他的认知之中了，所以刚会说话不久他就能清晰地说出“苹果”两个字，现在两岁多了，他有了自己的选择，但是最爱吃的还是苹果。其他的水果如果没有接触过，死活都喂不进他的嘴里，只有在看到爸爸、妈妈、姥姥、姥爷等有谁在吃并且表情是愉悦的时候，他才肯放进自己嘴里品尝。后来像柚子和榴莲，是一颗一颗的，他感觉好玩才喜欢上的。对于酸一点的橘子，则是放进他嘴里就吐出来。之后喜欢吃橘子，很大程度上也是因为他感觉一点一点地剥皮有些意思。

剥皮是从剥鸡蛋开始的。剥鸡蛋的动作，我记得第一次他是拿起来在地上磕，磕开了缝隙，一点一点地剥。我就好奇，他剥鸡蛋为什么要先磕再剥呢？妈妈说，他都在有意无意地进行观察。

我们做饭的时候，他也在旁边观察，比如洗菜、和面。要是擀面，也必须给他拽下一块面，让他在地上擀，擀的时候还要求弄一些薄面。夏天吃西瓜时，他就蹲在我身边，我吃一口他看一眼，然后他就吃一口。我吃的时候会用一只手接住吐出来的瓜子，他也学，但他吐出来的是瓜瓤咽进去的却是瓜子，正好反了。到现在这个问题似乎还没有解决。

第一印象给人的深刻，是很执拗的。印象的取得，很大程度上取决于一个人注意点的兴奋程度。若是兴奋点不高，他就不会留意。兴奋点来了，别人的一招一式都会深深地刻在他的心里。有一段时间，右右对我的皮带很感兴趣，要么是让他拉着皮带在地上跑，要么就是缠在他腰上才能满足了他的意愿。

假如我们成年人将不良的嗜好展示在孩子面前，那么这个第一印象是很难根除的。良好的习惯对孩子的成长是有益的。有一次带着右右和朋友们吃饭喝酒，碰杯子的动作他学会了，回到家里拿个容器倒上水，他就说干杯。现在虽然淡忘了，但再有一次看到，他马上就能从他的记忆里拣回这些动作。因而，对孩子的言传身教是在不断加深和巩固孩子的一些好的行为。一个人学好了难，学坏了则是再容易不过的事情。

偷看洗澡

我洗澡一般是在晚上吃过饭之后。右右睡得晚，每天基本是家里最后一个睡的。在以前，一般都需要哄着睡，哼哼曲儿，读读书，或者挠挠痒，他才能睡着。挠痒最麻烦，不是这儿痒就是那儿痒，我估计他是无病呻吟，挠着舒服。

我洗澡的时候，他一般都有自己的事情干。正洗着，他就把卫生间的门给拽开了。让他关上，他就会说，看看嘛。我说，冷啊。他说，不冷。不冷是站在他的感觉角度而言的。我明白他想看什么，主要是想看水的姿态。关于水，他是喜欢的，只要有水的流动或是存在。脸盆接上水，把香皂放进去，用手划着转圈圈，直到一块香皂不能再用，或是把洗浴液倒进水里，或是不停地洗马桶，都说明他对水特别好奇。

他要是看见我洗澡，我也不避讳他，原来怎么洗还是怎么洗。要是赶他出去了，他就哭闹，或是趴在磨砂玻璃上看。门要是还不开，他就用手拍或是用脚踢，直到我洗完。

其实我也很想带着他洗澡，目的是让他从小对性别不要那么好奇。我长这么大，说实话还没有与自己的父亲裸体面对过。如果面对了，不知会是什么样的感觉。可是，对性别不好奇，也并不是一个正常的情态，尤其是对异性。如果一个人对异性都不好奇了，我想那将是个很可怕的事情，尤其对于一个孩子来说。真切地说或者是正确地说，对异性好奇是再正常不过的事情，不好奇反而不正常了。所以说，这又是一个矛盾的说法。

在我的记忆里，就是男生在一起撒尿也是要相互避让一下的，对于大一点的男生更要避让，这个感觉从哪里来，我记得不是很清楚了。小的时候，我们在一条河里游泳，要是看见大人们不穿内裤就跳进河里，心里总感觉不舒服。这个感觉的直接来源是因为大人们身上有毛发。那时候，听说女生也会三五成群地去游泳，不过是在我们的上游。要是哪个小伙伴的妈妈或是姐姐来找他，我们得到这个讯息，都会像青蛙一样跳到水里去，这也可称之为是一种羞涩。

为什么羞涩呢？

我不知道右右偷看过妈妈洗澡没有。只是有一次我在家，妈妈在洗澡，卫生间的门是闭着的，他就嚷着要看妈妈洗澡。孩子两岁多，我想是可以让他看看的。但他没有看到，就一直哭闹。现在他已经懂得或者是在意识中把一些相关和不相关的事物拿来作对比，对比之后他又会有什么样子的反应呢？

过去的孩子们性成熟比较晚，我估计是和家庭以及社会环境有密切关系。现在的孩子性意识成熟得早，与父母的过度不以为然有关。对性别意识的萌发，我想还是晚点为好。难道性意识的开放能代表社会的进步？到目前我已经听过好多次了，现在的初中生，开房的大有人在。这是不是太早了点？

好奇是客观的，但不能把好奇过早地付诸实践。

将来右右有什么苗头的时候，我会及时地观察，但愿他能自然地接受对性别的认识，在保持好奇心的同时也拥有一份克制力。

该上幼儿园吗

按现在的潮流，右右明年就该上幼儿园了。为什么上幼儿园，这是我一直考虑的问题。其间，我也对幼儿园做了些了解，无非是把孩子们聚集在一起，就像我们小时候见到的羊倌一样，早上把羊赶走，晚上把羊赶回。在那时候，我就听说，羊吃不饱，回来之后还得加料。把羊交给羊倌，其实多半是放风了。羊倌的工作很简单，把羊赶出去，上了山，跑不丢，就万事大吉。至于吃好与否，那是羊的事情，负责任的羊倌很少。夏天的时候，羊们想早回，羊倌不让，是怕羊主家说，其实羊就在村口聚着，等待天黑，多黑一点比少黑一点心里踏实，即使蚊子咬得受不了，也得如此。

那人是羊吗？我看差不多。曾经闲逛，去过几家幼儿园，与类似于羊倌的老师交流了一下，我的感觉是水平极差，少不更事。很多出来干这个工作的都是刚毕业的学生，确切地说，他们还基本都是未发育完全的孩子，把儿童交给他们怎么能放心？现在的幼儿园，很大程度上是比设施，至于孩子的心理发育，我看他们基本是门外汉，设施好，就收费高。还有一个问题是，幼儿园大部分是设在室内，孩子们没有一个宽阔的活动场所，很多还不如我小时候看到的羊圈大。现在放进幼儿园的孩子，还没有那时的羊自由和快乐。

羊如果不快乐，或是不运动，是长不了肉的。幼儿的特点是好动和好奇，这是一个人成长的关键。要给予他们时间，让他们摸索世界，对世界好奇，乱跑乱闹。玩耍就是他们的成长，过早地强迫教给他们知识就相当于立春时干芒种的营生，季节不对。

对于孩子们的成长，一切应本着自由和快乐的根本目的，其他都是本末倒置。

有的人说了，上幼儿园是为了让孩子有个群体的概念，是为了提升孩子的交际能力，对此我不认同。难道交际能力的生发，必须要这么早放出去或是非得有那样的小群体吗？有很多东西是自然而然的结果，习以为常的未必就是好的。这就是说，我们要尊重幼儿成长的规律，而非揠苗助长。心理的成长最好同步于生理的成长，二者需要协调、和谐。

还有的人，尤其是很多"专家"说，要尽早开发孩子们的智力，这个我也不认同。难道幼儿园有这个能耐？我没有上过幼儿园，在我的印象里，童年最快乐的事情莫过于自由，想干什么就干什么，而不是要受成人的束缚。这么小的年龄就要求听话，有点太早了，到了听话的时候，那是自然地听话，用不着别人强求。

孩子在人生的初始阶段，主要是慢慢地去认识这个世界，这个阶段的认识欠缺了，什么东西都无法弥补，勿说将来。要让他们自由地吸纳空气，然后自由地吐哺。每个孩子都是天才，如果有天才的话。天才是自己的洞见、好奇和发现。

还有的人说，父母都工作，无法顾及孩子，我想这应该是绝大多数人把孩子送往幼儿园的原因。但如果指望幼儿园的教育，那是望梅止渴。还好我的工作时间比较自由，所以右右仍可以自由自在快乐地玩耍，我可以陪伴他到上小学。

现在农村的孩子还不用上幼儿园，真是万幸，到时我也可以把他放到农村去，来去自由。没有什么是解决不了的，关键是我们的认识存在很大的误区，并且不由自主地被潮流所裹挟。这在很大程度上也是父母不负责任的体现，所以找了一堆无可辩驳的理由出来，却牺牲了孩子们本应拥有的快乐童年。

教育的目的

教育有目的，吃饭有目的，恋爱有目的，干工作仍有目的，做什么事都有目的。目的的存在不是问题，问题是目的的合理性、正当性、前瞻性能否得以呈现。人区别于动物的根本点是能动性，并且人的目的性很强。这个没什么，合理的诉求是值得关注的。

教育其实是一个很大的概念，言传身教是教育，耳濡目染是教育，熏陶造化也是教育，实践磨砺也是教育，进课堂也是教育。而现在社会的观念，基本上只把进课堂视作是正统的教育了，所以学历的心思就重。一个孩子从三岁基本就被送进学校去了，出来的时候二十好几甚至三十多岁。教育又分职业教育和学历教育，这也是从正统那里边分出来的。我受教育二十多年，有些比较切肤的认识，当然只是切我的肤。坦诚地讲，从小学到大学，正统的教育并没有给予我什么，相对于我投入的爱心、时间和精力，仅从知识层面而言，我是得不偿失的。至于这个正统的教育对于我人格的塑造和成长，更没有什么大的帮助。所以我就毅然决然地进行自我的教育，靠不上别人只能靠自己。当然，靠自己需要觉悟也需要勇气，同时还得勤奋。

那我对自己进行教育的目的是什么呢？根本是让我拥有属于自己的快乐，并在此基础上拥有属于我自己的本领，因为快乐和本领是创造价值的前提。一个人在走向社会之后，应该用自己创造的价值去换取自己的收获，这是天经地义的。可就是这么天经地义的事情，在很多人眼里变得面目可憎了。

在现代社会，生存似乎不是主要的问题，只要我们勤奋一些，态度端正一些，我认为生存是个极简单的问题。比生存更重要的，是人格的成长和建设。人格有很多概念，比如文化的、法律的等，但这些概念与我要谈的相去甚远。我认为的人格是指做事的端正态度、善良的人性、积极向上的志趣、遵守基本的伦常道德等。这是人的最要紧的构建，没有这个东西，一切的教育可以说是失败的。其实放眼四周，这样失败的教育案例多得很。

现在教育的目的大都狭小地被归结为分数和证书。这个东西与人的生存乃至人格的建设有什么必然关系呢？坦率地讲，与生存有关系，而与人格的建设毫无关系。我的观点是，没有人格的强大哪能有生存的美满。一个人如果没有将人格建设好，那么对功利的无尽追求最后会让一个人彻底失去做人的意义，其无法取得内心的和谐、快乐与宁静，其所创造的价值也值得深深怀疑，因为那是一种长时间才会呈现出来的巨大泡沫，泡沫破裂的时候就是清醒的时候。

一个稚嫩的幼儿出生了，他的一切教育应该从人格始，这才是真正的教育，也是我的切肤之感。有了此，还愁一个人的未来吗？

这就是我认为的教育的根本目的。我认为只有这样的教育目的才具合理性、正当性和前瞻性。这个目的应当明确。

语言的认知

语言是什么呢，或者什么是语言呢？这个问题很深奥，虽然我们每天都在进行语言的交流，但突然提出这个问题似乎让人有些不知所措。一些语言学家提出的概念，很大程度上是为了学术而学术。学术沉积久了，是不大可信的。这也是任何学术所具有的弊端和特征，也即最后的走向总是背离原始的初衷，有点群龙不见首尾的意思。那就从幼儿的成长试着分析一下。语言是早于文字的，语言里有的文字里未必有。一个人对语言的掌握，首先是从模仿开始的，进而才是创造性地驾驭语言。就我自己对语言的掌握过程，我没有印象了。在小学时，我在说一个肯定的事物的时候，记得说的是“肯险”，这个词在我的小伙伴们嘴里经常使用，大人们不知道，方言里也没有。突然有一天，我的父亲就不耐烦了，说什么“肯险”“肯险”的，还表现得眉竖眼立，之后我也就不用这个词了。

有了孩子之后，我就留意观察这个现象。右右在七八个月的时候，可以模模糊糊地叫妈妈了。模模糊糊是因为牙齿和舌头二者还不能有效配合，我想还有大脑里的意识。在叫妈妈之前，我想他是听到了无数次“妈妈”的声音。接着像苹果、奶瓶等和他有密切关系的一些词汇，慢慢地他也就记住了。大约在一岁的时候，他能说的就多了，并呈现出增长的趋势，但一个词都得重复多遍，他才有可能说出来。

右右在一岁前，与世界交流的基本工具就是哭声。这个阶段其实是比较难熬的，孩子哪里不舒服或是有什么需要，是没办法用语言跟我们交流的，我们只能揣摩和猜测，有时很着急，也没法子。

依据幼儿的心理和生理条件，他们更喜欢简短的叠音，就像小羊羔一样，生下来时我们对它的呼唤是“咩咩”，长大一点就不是这个呼唤的方式了。这里似乎人与动物是相近的，所以幼儿在较小的时候，得把他们当成动物养，然后再缓慢地过渡。

一个人对语言的掌握是需要对接的，也即一个物品是碗，那么我们就得说是碗，说成筷子就无法完成一个指认过程，进而就会导致南辕北辙。从右右出生后我们就天天给他洗澡，时间长了，他对水便有了概念，这个概念是长时间重复的结果。等他能说水的时候，他就认为尿是水，饮料也是水。所以在孩子成长的过程中，不宜在一些事物面前加修饰语，越简单越好，这样有助于他们对相关事物的进一步认识。

随着身心的不断发育，右右指认的事物会越来越多。在胎儿时期，妈妈就给他读“三百千千”，对此我们也做了些分析和交流，妈妈说多少有点用。现在的一些诗词，只要重复两到三遍，他基本就能记住。给他朗读这些东西的时候，一般是在他睡觉前和睡醒后，其他时间朗读了也不管用，因为他的心思不在这里，而是在他好奇的事物身上。

语言对儿童来说，也有好奇性。有一次我们很多人在一个车上，右右坐在前排东张西望找他感兴趣的事物。我们成年人的谈话，他似乎充耳不闻，但其实不然，当时我哥用方言说了一句“要大了”，他立即跟着说了出来，并且也是方言的声调，我们笑作一团，他也跟着笑。我就在想，他为什么能这么准确地说出来呢？并且他是第一次听说。

对于一个人，我认为他应该也必须掌握一门方言，因为方言是与自己的生活息息相关的，也只有方言，才能真切地传递出一方水土的风俗人情。它是一个人开始成长的土壤，在这个土壤里才有可能把根扎下去。人若无根，那么在心灵深处，长大了也会是自卑的、漂浮的。现在很多孩子们基本没有说方言的环境了，城市里基本是千篇一律的生活，风俗人情也基本相类似，这对于一个人的心灵成长而言未必是一件好事。

我小的时候，最大的愿望是去姥姥家，因为姥姥家与奶奶家的感觉完全不一样，就是同样材料做的咸菜，味道也是不同的，并且很多同样的东西读音也不同，比如我们读药是“yao”，姥姥那里读作“yue”，不同的读音能传递出背后很深的原因。这就是水土。

所以，一个孩子对语言的掌握与环境有很大的关系。家庭作为一个小环境，应该给予孩子什么样的语言环境呢？如果家庭里有人说粗话，那么孩子也会说，如果家庭里大家说话很文明，那么孩子的语言自然也是文明的。这些长期熏陶下去，是会塑造出一个人的内心世界的，所以这个不可忽视。我有个侄儿，因为他的父亲说话有些结巴，他就学着结巴地说话，后来用掌掴子才纠正过来。这样的方式未免有些粗暴，但说明了环境的重要性。

语言是一个系统，环境是这个系统的重要组成部分。为了孩子的成长，家庭里应该多些书香之气。过去说“书香门第”，那是熏陶出来的独特环境。与善人居，如入芝兰之室，久而不闻其香，不香自香，就是这个道理。

心灵的成长

人的健康成长，应是内在成长与外在成长的和谐共进，犹如一个水系，要保持流进和流出的平衡，二者需要不断地交替补益。只关注内在成长或者是少关注外在成长的人，其心理的强大是一种自我的偏狭，是一种盲目的强大。这种强大在得不到外在成长的呼应时，会变得暴戾乃至不堪一击，也即这样的强大缺乏现实支撑的基础，是空中楼阁。这样的人，内心的苦楚和挣扎使其无法享有自己所应拥有的快乐和满足。相反，只关注外在成长或者是少关注内在成长的人，心里缺乏主见，在与外界呼应时，是俯首帖耳地充当社会潮流的良民。这样的人可以牺牲一切来换取社会的虚伪的赞誉，而其内心世界却是空茫一片，别人的意见很容易吸收，但无法吐纳出属于自己的真知灼见。这样的人，生活在别人的怂恿之下，随波逐流。这样的人，在内心深处也是苦闷郁结的，只不过长期的麻木可以消弭其自身深切的感受。

所以，我把一个孩子所拥有的快乐作为其健康成长的重要参照之一。这个快乐，一定源自于其内在与外在的和谐发展，而促使和谐的不仅是方式，更多的是内在的真切的体验。我们很多时候强加给孩子的东西，都是他们所不愿意接受的，所以表现出的是强迫性的填塞，而没有找到孩子意愿的巢穴究竟在哪里。他们不愿意接受的原因，有时是形式缺乏灵活性，有时是他们彻底不感兴趣。对此不感兴趣对彼就未必，一个人总有感兴趣的良好意愿，这是正当的也是健康的。比如，我对馒头不感兴趣，但是对花卷感兴趣，二者虽是由同样的材料制作而成，但因那一层油的区别，吃起来舒适感就大不一样。

同样，男孩子与女孩子感兴趣的对象也不同，就是男孩子之间，兴趣也是大异。这个兴趣的呈现一是需要我们给予其广阔的视野，一是需要我们帮助其去发现，帮助的过程就是外在与内在的沟通和碰撞过程。如果一个人的内在与外在是协调的，那么他就是快乐的，也是幸福的。幸福是动态的东西，不可能一成不变。

人的幸福从哪里来呢？这个问题困扰着很多人，尤其是在商品经济社会。我想，朝鲜人的幸福感应该会优于所有国家的人民。这又是为什么？这些年，人的抑郁症的患获以及不满情绪和自杀率的攀升，都与幸福的感知有关。那么人如何才能得到幸福呢？我试着剖析一下这个问题。我以为幸福感的获得是内在与外在的一个平衡问题，之所以出现上述所说的问题，是因为无数的人只是追求外在的东西，而严重缺乏内在的东西，也即没有自我。现在的人对攀比的热衷，就是这种平衡失调的具体体现。还有就是对货殖的追求，总是与一个高不可攀的目标作比较。绝大多数人只是看到表面的东西，至于真实与否无从知晓。每个人对自己的知晓都很有限，何况对别人。

现在的人们尤其是年轻一族，喜欢使用信用卡，并且还是一个庞大的群体，其基本的操作方式是拆东墙补西墙，没墙可拆的时候，就不知道怎么办了。我曾经也使用过信用卡，感觉它就是一张凶恶之口，诱惑了很多懒惰者产生奇幻的梦想。在这样的情况下，人能有幸福感吗？这些暂时的荣华和刺激最终将导致人的灵魂动荡不安。追求创意的生活可谓之阳，但此阳太盛则阴必衰，没有阴阳的平衡，一切皆去也。阴阳是一种张力，需要相互的牵扯。中国过去的文人，即使被贬谪过着颠沛流离的生活，照样有情致吟诗作赋、垂钓江湖。苏东坡二十一虚岁时首次出川赴京，参加朝廷的科举考试。翌年，他参加了礼部的考试，以一篇《刑赏忠厚之至论》获得主考官欧阳修的赏识，但欧阳修却因误认为是自己的弟子曾巩所作，为了避嫌使他只得了第二名。后来他因在新法的施行上与新任宰相王安石政见不合，被迫离京，之后又几次坐牢濒临被砍头的境地。出狱以后，他便带领家人开垦黄冈城东的一块坡地，种田帮补生计，“东坡居士”的别号便是他在这时起的。这样的人，可享富贵亦可享清苦。他在书法、绘画和文学上的成就也就是在这样的境况中得以升华的。如果意志消沉了，估计他早就自杀了，这说明他是善于追求内在的东西的。

现在的人恰与之相反，生命可以说是一贫如洗，忙着追逐外面华丽的世界而忘记耕植自己拥有的那一片心灵的肥沃土地，其实这片土地是很容易长出一片葳蕤的。一个人得到认可，我认为首先要得到自己的认可，然后才是外界的认可。现在的人基本上被外界的认可所绑架了，不论这个认可是否合适于己，别人谓之“是”就是“是”，谓之“非”便是“非”，所以也就无法取得内心世界的和谐和幸福。幸福的到来从追求内在始，内外是一个水系，需要不断地流出和流入，这样才可见潺潺之水清澈地流淌。

发现自己的内在，相对于对外在的感知是比较困难的。就像一个人评价别人一样，鞭辟入里，头头是道，但对自己的认识则是模糊一片。要求别人可以，要求自己则几无可能，这样的现象不胜枚举。

每个人与世界发生关系是必然的，否则他在失去社会性的过程中，也会失去人性。人的内心所产生的与社会不融洽的孤独，便是沟通缺失的重要原因。一个人是靠取得什么与这个世界发生关系的？我以为还是其做人的风范和专攻的术业。这是每个人取悦于社会的两大法宝，是每个人彰显才能和人格的双翼，是人生自足的有力支撑。没有这两点助力，便不会有持续一生的人生富足。现在的人很功利，没有这两项作保证，一切功利之想皆为浮云。所以即使得到了也是暂时的，正是这种暂时性带给这个社会无数错愕，也造成无数人精神无端的崩裂。

一个孩子来到这个世界，给予他们幸福不是主要的，关键是让他们能有获取幸福的心灵体验，这便是他们厚重的成长。

破坏

一个孩子有破坏能力是可喜的，我是欣赏孩子们拥有这样的状态的。破坏是一种认识世界的方法，只从表面看一个事物，永远摸不清其中的奥秘与真相。

右右在一岁多的时候，这种破坏力就开始萌发了，无论拿到一个什么东西他都要求“开”。人类有能力把散在各处的东西聚合在一起，那么也有能力把聚合起来的东西分开。一个物体由分子组成，分子由原子组成，原子又由原子核和核外电子组成，原子核则由质子和中子组成。现在人们可以看到或是捕捉到质子和中子了，那接下来呢？

这是未能穷尽的世界，开与合是相对的两个方向。

买回水果了，右右抢过去就要求“开”，无论大小。夏天的时候，提回去的西瓜，他搬不动，就用脚踢，接着就是要求开，切开了未必吃，但开了就很高兴。开了之后，有瓜子，继续要求开，皮和仁分开了，就不要求了。吃橘子，他是自己剥，没人教，剥一点扔一点，留下的是橘肉，留什么扔什么，我想他是在观察大人们的做法后效仿的。苹果他也要求开，所以每次吃苹果都得给他削皮，削了才吃，不削不吃。拿到手机了，也要求开，能看到花花绿绿的屏，就算开，用不着往外抠电池。电视的遥控，他发现能开，就经常抠出电池，直至不能使用。墙上挂的表，他什么时候注意到了，也要求开，告诉他够不到，他就躺在地上赖皮。灯他也要求开，还好开的是开关，不是灯泡，要想开灯泡，就得打烂。我小的时候，对灯泡感兴趣，也好奇灯为什么能亮能暗，为了解决疑惑我就用弹弓夹着石子打，打烂了，“砰”的一声，便明白了。

过去家里的房檐上挂着喇叭，喇叭要接根地线，这些我总是弄不明白。弄明白这个问题的时机就是家里大人不在，把喇叭卸下来，取里面的吸铁，吸铁能吸土里的黑色磁屑，虽然喇叭破坏了，但最后也没有弄明白。

最近右右把一台收音机给彻底地“开”了，天线弄断了，里面柔弱的电线也撕断了，成了废品。前些时，家里的一台电视机积劳成疾，只有声音没有图像，掌柜的说卖了吧，我说能卖几个钱啊。我的意思是给孩子留下，让他将来拿改锥和锤子开。对他来说，还只能开小物件，电视比他大，还开不了，得再等几年。

我小的时候，想“开”的东西也很多，比如锁子、电表等。因为开锁子多了，也学会了修锁子、配钥匙。然后就是做枪，枪架子有木头的，也有钢筋的，枪膛用的是自行车的链码。到了冬天则是到河里“开”冰，开了冰，趴在冰上探下手摸鱼，鱼没摸到，但知道了冰下有什么。

有一次右右回奶奶家，见家里满是花盆，也想“开”，开的方法是把花盆推到地上，把花盆打烂。看见土里的根须就认为是开了，面对狼藉一片，他就开心了。一切的“开”似乎就是在好奇的驱使下为了“开”心。

最近右右发现煤气灶也能“开”，有时偷着踩上凳子就拨弄起开关了，这个大概是从打火机那边得来的启示。由打火机又发展到开烟盒，开了烟盒，拔出来，一根一根地扯断，让人哭笑不得。坐到了车上，也是要求“开”，“开”不是开走，而是“开”一些按钮，对电脑也是如此。在他的感觉中，任何东西都能开，对于一些安全的，我鼓励他自己开。他曾经开鸡蛋，就是抓起来摔。这些事，只是我们麻烦一些，没什么不可以的。开了东西，也开了心，同时又开了智，很好，虽然很大程度上是破坏。

不要急

人为什么会表现出急的样子呢？

孩子急，大人更急，整个社会都急，急得就像我印象中端出食盆子抢着要吃食的鸡。如果食盆子的圆周挤不下鸡们，则鸡就竖起脖子上的毛干开了，最后食撒了一地。

右右出生后，尤其是有了自己的行动能力之后，我发现他对很多事都表现得很急，吃东西如此，发现一个感兴趣的东西也是如此，撒尿如此，不满意时也是如此，模仿别人的动作亦复如此。如此的直接反应就是哭，躺在地上哭，或者是横冲直撞，不管前面有无障碍物。

急难道是人的自然天性吗？我也在想，水急吗？水有温软缓淌之水，也有奔袭咆哮之水。这样看来，水并没有急的天性，而是周围环境所致。那人呢？人与水一样吗？

在吃东西的时候，尤其是刚带回家里的食物，右右总是先抢过袋子翻腾，来不得半点缓冲。有一次买了几样吃食，还没等我换了鞋，他已经把袋子抢过去放在地上，挑选出了他自己喜欢的东西，然后双手抱着，去了一个角落里。等我换好了鞋，他已经吃开了。

撒尿的时候，他以前不会说，站着或者是坐着就尿了，现在会说了，一说尿，基本来不及去卫生间，叉开腿就尿在了半道上。我们做饭的时候，他要模仿，不管别人忙闲，他都要学着做饭。家里有两根擀面杖，若是擀面的时候，也得给他拽一块面，备一根擀面杖，让他在地上擀。炒菜的时候，我们在火上炒，他则搅着铲子在地上炒，并且锅里还得放些道具。这时若否决了他的意愿，马上就号啕而起。

每天回家，我要敲门，不是敲而是拍，拍得有点急促。记不得他何时能给我开门了，现在开门基本是跑着出来的，声音嗒嗒的。也许是我缺乏耐心，三五秒就要求他把门开了，稍慢一些，我就会在心里说，反应为什么这么迟钝呢？现在我明白了，尤其是写这样一个题目时，首先得反省自己，为什么那么急呢？等一会为何就不行呢？

人的成长是缓慢的，也急不得。我认一个死理儿，庄稼长快了，没好东西，人也一样，就是树木长快了，木头也是软的，成不了材。作为人而言，缓慢地成长，按照自然规律成长，有利于练就缜密的思维。火急火燎的人，首尾难顾，举事不端，干事基本没有什么好的结果。所以要让孩子自然地成长，童年时期的主要任务是玩，不要赋予孩子很大的成长压力。现在无数的父母让孩子好好学习，却似乎偏离了他们成长的轨道，学习不是成长的目的，仅是手段而已。学习是终身的，是快乐的，而非在学校课堂里的学习才是学习。学习要持之以恒，勿急不可耐。

对儿童时期的孩子表现出的急躁，要慢慢疏导。急躁可能是与生俱来的一种动物性的表现，在成长的过程中把这种动物性慢慢地剔除，才是成长的意义。

应该让一个人快乐和清醒地面对自己，面对周遭。社会节奏太快了，一切人皆应放缓自己的脚步，从容地拥抱生活乃至学习和工作。

挑食的问题

现在的孩子据我观察，都挑食。除了挑食，也挑衣服。是什么原因导致挑食呢？挑食好不好？

我先回顾一下我的成长。在五六岁以前，我没有挑食的印象，五六岁之后有了眼馋的记忆，看到别人吃一点好的，总是眼巴巴地望着，估计都能听见自己咽口水的声音。上了小学，校园里有卖冰棍的，那时的冰棍和现在的冰糕不在一个层次上，据听说，红黄色是用红黄色的纸染出来的，吃到里面是白的。现在的水平高了，能里外染得均匀，至于食品安全的问题，我更怀疑现在的。还有卖麻糖和糖葫芦的，那时几个人凑够买一个东西的钱，买到了分着吃。那时候零花钱就不存在，即使能收纳一些压岁钱，最多也是五毛，一块已是巨款，但买个玩具就没了。买玩具不如买吃的。可是嘴太馋，于是就想办法了，就是偷玉米，用杆子捅了自家的或是别家房顶上的玉米，到一个老光棍家里，三八折二换几个镚子，现在想来真亏。

再就是家里吃白面的时候，其实有白面就意味着有黑面，黑面是由糠麸构成的，家里磨了麦子，先从黑的吃起，最后才吃白的。用黑面蒸出来的馒头没有白面的筋道，吃着心里很委屈。但黑的也不多，吃得迟了黑的也没有了。

现在的孩子们基本不用发愁这个问题，吃什么买什么，应有尽有，从出生那一天起，就可以说是锦衣玉食。所以也就生出一个问题，就是挑三拣四。选择的余地越大，挑拣的心思越强。从右右一岁半左右起，我们基本上带着老人和孩子，每半月去酒店吃一次，大人小孩都喜欢那里精致的饭菜，吃得很舒服。有一次带孩子去了一个环境一般、饭菜也一般的饭店，大家都没吃好。掌柜的看着孩子不吃心疼。我说心疼什么，有什么吃什么，不吃说明不饿。我又想，挑食是有原因的，从小就给他那样一个环境他能不挑食吗？这个事要是忽略了，孩子眨眼工夫就长大了，长大了再改就困难重重。所以我想要节制他的这个欲望，酸甜苦辣都能吃才对。每个人的生活都是自己用勤劳的双手和智慧的大脑换取来的，不付出哪里能得来自己向往的生活呢？

现在的孩子都是独生子女，美好的东西都可独吞，这也是一个问题。在不知不觉中，他们就养成了恶习。这个首先要在做父母的那里把概念纠正了，再说实施。

这里又有一个问题，人的努力或者创造就是为了生活的多彩和富足吗？人的本质就是为了享受吗？这是个很复杂的问题，也是个哲学问题。反过来，富足的生活就不好吗？在这样的环境下，人难道就成就不了什么伟大的事情吗？锦衣玉食的生活谁都渴望，可是一味的锦衣玉食也不是个好事情。

右右现在两岁多了，在饮食上如此，穿衣上也如此。现在给他买的衣服，他未必喜欢，将来稍大一点呢，他除了拒绝他不喜欢的，我想还会和我们争取他喜欢的。这个是好还是坏呢？要如何控制呢？

这都是问题，而且问题很复杂。过去讲，穷人的孩子早当家，那富一点的孩子就当不了吗？富是要富什么呢？精神还是物质？物质和精神又有什么关系呢？它们之间是如何转化的呢？

还是我的那个认识，内在与外在的和谐是最好的。偏隅一面，都不大为好，既然如此，那挑食也就不是个什么问题了。

一个人的友谊

我们每个人的友谊是如何产生的呢？这个问题会横贯人的一生，尤其是少年、青年和壮年时期。据我观察，老年人对这个基本不再需要了，因为老年人赋闲在家颐养天年，社会活动越来越少，友谊的作用也进入了暮年时分；而对于一个人的幼年来说，友谊的价值表现得还不是很明显。

那什么是友谊呢？友谊是如何获得的呢？友谊又是如何维系和扩展的呢？友谊对一个人成长的作用又有多大呢？

我有伙伴大概是在五岁时，其实在之前也有，只是印象不深，或者说此前的伙伴没有表现出重要性来。有了伙伴之后，每天的玩耍就有了对象。那时的伙伴有大的也有小的，跟着他们每天都很快乐，除了吃饭睡觉，整天就是玩耍，不着家。天黑的时候，或是自己回去，或是父母亮着嗓子喊回去。与伙伴们在一起，童年的时光是饱满的，没有闲暇。在玩耍的过程中，自然也就分出了与谁亲近与谁疏远的界限。

现在想想，那时的很多伙伴现在基本都陌生了，这是由每个人的人生及生活走向所决定的。现在虽然陌生，但在那个阶段却相互给予了快乐。即使偶尔打架，过了几天又在一起了，童年的纯真让大家自然地就冰释前嫌了，当然也有不开明的父母，用他们的狭隘去阻止孩子们快乐地交往和发展。

我记得很清楚，有一次和一个伙伴打架，本来我们之间没什么，后来他的父母就出面了，将我暴打了一顿。在这种情形下，我年轻而壮实的舅舅也为我出气，狠狠地收拾了他的父亲。这件事差点点起两个家族对峙的火焰。从此以后，我和这个伙伴形同陌路，现在回到故乡，也感觉无法释怀，彼此都很不好意思。

现在有了孩子，发现他很难再拥有我童年时的自由和快乐了。我们那个时候的伙伴是自己寻找的，父母不管。现在很多孩子们，通过自己已经找不到了。我也曾想给他找几个伙伴，让他度过快乐的童年，但这个东西是大人无法代劳的。所以孩子们被纷纷送往了幼儿园，难道在幼儿园就能寻找得到吗？放了学，孩子们都被家长接回去了，哪里能拥有属于自己的时光呢？孩子的快乐，做父母的只可以给予一点点，这根本无法满足他们内心的需求。因为人的成长需要上下左右交错的环境，现在很多孩子在这方面就像动物一样，生活的领地被大为缩减。没有充足的自我的快乐时空，孩子们如何能收获友谊呢？

我十二岁上了初中开始住校，一开始去学校的时候是孤寂的，因为周围都是陌生的面孔，那时很怀念小学时候的同学和伙伴，后来才慢慢地熟识起来，又有了新的伙伴和友谊群体。与以前的伙伴相处少了，陌生感也就随之而来。每个人都是如此，玩耍的伙伴在不断地更替，能留在内心深处的非常少。但不能因为少，就拒绝这样的关系，就像快乐只有一瞬间，不能因为其短暂而拒绝拥有快乐。即使很深的友谊，随着每个人不同轨迹的延展，两个人也会变得生疏起来，交集也会越来越少。这又似乎是人成长的必然，但不可否认的是，我们每个人在成长的同时，不能没有友谊的灌溉。在每一份友谊中，每个人都曾给予过我们很多，这个需要感念。

上了初中然后上高中以及大学，我们每个人都在蜕变，人的追求在不断变化，友谊也在不断地进行新的组合。无论干什么，或是处在什么样的环境下，我们都无法脱离友谊对心灵的滋养。没有友谊的心灵会被扭曲，人生也会因此显得苍白和干瘪。

友谊伴随而出的人际关系也会发生变化，但是有着广泛的人际未必拥有深刻的友谊。友谊就是古人所谓的一二知己，虽然只有一二，但真正拥有却是很难，不同的人生阶段都能拥有一二知己已经幸莫大焉。这样的现象在我们每个人的人生中都会发生，曾经的知己未必会是将来的知己，这和人的性情、认识、处境、变故都有极大的关系。而人际关系的建立和发展是每个人的生活中必不可少的，这个关系的建立所需的因素又是错综复杂的，有的凭自己建立，有的凭别人引荐，有的凭父辈留下的人脉，千秋各样。它可以成就一个人的事业，也可以丰富一个人的视野和心灵。我们每个人的人生都靠着人际“扶上马，送一程”，送远了未必，近一些还是可能的，因为每个人的力量都是有限的，更何况每个人都会老去。老去的人，心思已不在人际关系的经营上了，加之其自身的价值日渐式微，所以说，友谊的增加需要彼此的欣赏和互助，没有这些友谊也注定难以持久和深刻。其实世上没有一样东西是可以持久的，抱着乐观的心态即可。

一个人需要同性的友谊也需要异性的友谊，他们分别给予人不同的营养。而异性的友谊似乎又容易迸溅出爱情的火花，迸溅不出来的，友谊必定肤浅，这是同性与异性友谊的区别之一。

右右在成长，他的友谊更多需要他自己去建立，在这点上，做父母的似乎无能为力，若能帮助他提炼一些认识，已很可观。

抡了巴掌

右右有点顽皮，某些时候有点过了，这当然是在我看来。他最典型的行为就是抓眼镜，或者是睡觉时用脚踩别人的脸。一天，他抓姥爷的眼镜，我扇了他的屁股，轻轻地。问他谁扇的，他说是爸爸。问他，为什么扇？他闭上眼睛，不回答，估计是明白被扇的原因了。他眯上眼睛，很大一会儿才睁开，异常安静。我凑近一看，他确实是老老实实地闭着眼睛，没有偷看的意思。然后我告诉他，那样是很不礼貌的。但是礼貌是什么，不可能在这么幼小的孩子心里有概念。

又有一次，他已经脱了裤子，故意踩我的脸。我坐起来，拽住他的腿，狠狠地抽了两巴掌，随即就是两个手印，有点狠。没有扇屁股，更不能扇脸。打人不打脸，扇脸，给每一个人都会留下深刻的记忆。腿上肉多，扇了有效果。他的反应是马上就哭，哭得很哀伤，哭着哭着就睡着了，我也被家人责备了。

第二天醒来，我问他，昨天谁抽你了？他说，爸爸。我问他疼不疼？他说，疼死我了。再问他，为什么抽？他不做声了，又眯起眼睛，佯装。我说，以后还那样吗？他说，不了。上班走的时候，他又和往常一样，和我再见，并跑到窗前看我开车。

这我就放心了，怕因为扇他，他心里生了记恨。扇他也确实重了些，有些心疼。我也想过打的作用，过去讲，棍棒底下出孝子。对于这句话需要斟酌，性格烈的，越打越烈，能听进话的，稍作修理也是必要的。至于今后如何，得看他的表现了，最好是以理劝诱。

责任

一个人来到世界，就意味着必须坚守责任和承担责任。

人生就像气球，需要一条绳索的牵引，责任就像这条绳索，使人不至于飘向无际的天空而被稀薄的空气毁灭。责任更多的是体现一个人在社会中的价值和担当，如果没有社会，也就没有责任可言。动物不会去讲什么责任，植物也不会，而作为人则必须得讲。

一个人要承担的责任很多，首要的是为自己负责，为自己负责就是为父母负责。父母的养育是一种责任，我们要为他们的养育负责，这个责任就是身体健康地成长，也可以视之为对生命的负责。人没有了生命，其他什么都将不复存在。当然一个孩子刚出生之后，还无法为自己负责，基本上需要别人的帮助。每个人都是如此，是在别人的帮扶之下成长起来的，只不过每个阶段帮扶的人不同而已，也即对象从家庭的小范围扩大到社会朋友的大环境。社会是个彼此依存的组织，每个人在得到别人帮助的同时，其实也在帮助别人。正因为时刻都在得到别人的帮助，所以每个人都应该学会感恩。心怀感恩不只是一种美德，还是一种责任。这种责任的发扬，是一个人人格成熟的表现和彰显。

如果一个社会的所有成员都怀着这样的认识情怀去规范自己的所作所为，那么这个社会必然是和谐美好的。所以一个人能有这样的认识，是成熟的。我们不能破坏了孩子对这种美好的憧憬。

一个人在没有孩子之前，我想都不会深切地体会到父母或是长辈的百般付出，也不会知道自己是怎么长大的。一个人的成长，从饱食冷暖到端屎倒尿，再从规劝、教育、嘱咐到期望，都饱含着父母和长辈的辛劳。为此，我用影像帮助右右做了记录，这个在某种情况下比言语来得更为真切。因为这些东西，讲起道理来总感觉比较苍白，太过引申又觉不妥。

人需要用责任拖住那颗浮躁的心。

一个人在走上社会之后，承担的责任慢慢就繁重了起来。繁重没有什么不好，能负重的人，在我看来才能走得更远，走得更为稳健。一个人的一切言行都将产生后果，为言行负责，是对每个人最起码的道德要求。言行是诚信的影子，变了形则是诚信的不振和坍塌。在现实生活中很多人无诚信可言，其人生的光景自然是灰暗无比。

责任需要从外面慢慢地塑造，一个人不可能一下子就有了责任，责任是不断深化认识和体验的结果，然后才是深入内心的自觉行动。一个拥有责任心的人是给人以信赖感的，没有责任心的人不值得交往。

责任不是一个人沉重的累赘，而是一个人丰厚的财货。

右右在兴高采烈地玩耍时，我们也会有意识地去培养他的责任意识。比如，把一摞书推倒的时候，我们会告诉他再把书摞起来；从哪里拿的东西，要放回到哪里去；剥了的水果皮，要收进垃圾桶里，等等。我想，每一个细节都是让他确立责任意识的有利时机。任何一件事情的成功，都是由细节堆积而起的，也只有理清了细节才能把握住大的脉络和框架。

看照片

我是个比较陈旧的人，潮流的东西很难引起我的兴趣。

就照相这个事来说，我也将其纳为潮流。长这么大，我连五张自己不同阶段的相片也凑不齐。潮流是好奇引发出来的，内心不淡定的人，我想大部分是喜欢被潮流所裹挟的。正因为如此，右右出生四个月后我们才第一次给他拍照片。像他这么大的孩子，从出生那一刻起就不停地被拍了，有的甚至在满月时就被抱去拍艺术照了，我不知道这是为了什么？

对于成年人来说，我感觉喜欢拍照是心理虚弱的表现，当然有人会说这是偏见，但与我毫无关系。就是结婚照，当初我们俩也是商量不照，掌柜的同意我的意见。因为见过别人的结婚照也多了，假得似乎是潘安和杨玉环，难以辨认。再者，幸福的婚姻和这个有什么必然的关系呢？

给孩子拍照片是想留下一些记忆，因为我的记忆力不大好，这算是一种弥补的方式吧。

一天，我把近两年来给孩子拍摄的照片放在电脑里浏览。这些照片基本都是抓拍的，因为让他看见了相机，拍摄就不能进行了。他抢到照相机，会用小指头到处抠摸，他感兴趣的是照相机本身而非照相。当然抓拍都是抓的瞬间，不用扭捏地做造型。

右右在浏览有关他的照片时，只认得他自己，小手指按着上翻下翻键，快速地切换。尽管照片里有他吃脚、哭闹、光屁股等很多有趣的照片，但现在于他看起来没什么是有趣的。翻了一会儿，他趴在我身边，端详我剪脚趾甲，并且嘴里不断地重复：爸爸你干什么哩。即使告诉他在做什么，他还是问，眼睛盯着我手里的剪刀。

我一边剪一边想，他对照片也没什么概念，是谁教会了孩子们在镜头前故作姿态？现在不仅孩子如此，成年人更是如此，无数的人还在镜头前抖“家底”呢，抖得不堪入目。类似这样扭捏造作的照片，是否是一种视觉污染呢？在污染视觉的同时，又污染了什么呢？

现在很多东西都装了“眼睛”，手机、电脑、马路边的电线杆子、大门口等，这又体现了什么？

我们在保护孩子们眼睛的同时，还要注意保护孩子们的心灵世界，这是我们的责任。

完整的语言

一个孩子对语言的掌握是个循序渐进的过程。从咿咿呀呀到出口成章，很多是模仿，很多是漫不经心，还有很多是出人意料。随便一些词语，到处嫁接，随便组合，新意迭出。孩子们的语言富有诗性，也蕴含哲理。诗性的飘逸，哲理的涌现，都值得玩味。孩子的认真、天真、纯真，是源于内心的好奇、洁净，就像他们的肉体一样，总是鲜嫩而芬芳。

在右右熟睡的时候，我经常趴在他旁边端详他那静谧安然的样子，从巴掌大到一百多厘米，不知不觉就长成了。他长大是个必然，将来衰老也是必然，这是一切生命的过程，也是一切事物要走的路。一位少女，将来也必定是核桃般的满脸皱褶，到风烛残年时，谁还能想象到她曾经花朵般的容颜？一个人的语言也是如此，要走过幼年、童年、少年、青年、中年和老年。

右右在一岁到两岁之间时，语言的表达基本就是名词或动词，或是名词加动词。能将你我他分清楚的时候，他已经快两岁了。两岁一过，完整句子便有了雏形。之前说喝饮料，称作是喝料酒，我估计他是在看我们做菜用作料时随意听取而来的。后来，又吸收了各种饮料的名称，想喝什么基本可以确认了，要是拿错了就不喝。现在对饭菜的味道，他也能大致说出一二了。

其实我很期望让他生活在一个语言秀雅的世界里，美丽的语言总是会沁人心脾。美丽的语言在诗词里，也在生活中。对于中国古典语言的娟秀、温雅，是需要熏陶的。生活中的语言，我们一般也是温婉地说给他，不会大喊大叫，也不会怒斥。如果他野性大发，我们就会说“灰老婆子”在哪里哪里。我不知道这个词是从哪里来的，大意相当于我们小时候听说的“鬼”。一听“灰老婆子”，他立刻就会收敛。我也曾想过，是否应该有意地树立一个让幼儿一听就害怕的相关形象呢？有时在做饭的时候，他会踩着凳子到灶台上观火，观的过程中，也会偶尔用手试探上面的温度。这时靠哄劝是无济于事的，只能强行抱走。因为“烧”还没在他的脑子里或是体验里形成一个深刻的印象，等哪一天他被烧着或是被烫着的时候，我想这个概念才会在他的意识里扎根。有了类似的意识之后，一个人的语言概念才能逐渐丰富起来。其实这也是贯穿一个人一生的事情，意识在不断地丰富转化，语言也在不断地繁锦和缜密。

一天晚上，我因有事要出去，告诉他可以坐车子。他先跑到妈妈跟前说，妈妈，咱们坐车子吧。妈妈告诉他，爸爸有事。他然后就说，爸爸，你去吧，回来时给我买个饮料。我问他，要什么饮料？他说，可乐吧。妈妈说，可乐喝多了不好，问他水果如何。他坚持要饮料，答应了，他便不跟了。两岁以后，答应过他的事情要是没做到，他就会纠缠他所要的东西，不像以前那么容易蒙混过关了。等我回来后，他正在澡盆里躺着泡澡，一听门有响动，就问，爸爸回来了，饮料买回来没有？

我记录的这些都是他说得比较完整的语言，虽然还没有华丽的辞藻，但基本能与人交流了。洗过澡后，回到床上，他一边玩手里的东西，一边诵着“北国风光，千里冰封，万里雪飘。望长城内外，惟余莽莽；大河上下，顿失滔滔……”，诵着诵着就睡着了。

每天晚上妈妈都给他吟诵一首诗或词，他听着听着就进入了梦乡，申申如也，夭夭如也。

哭闹

婴儿脱离母体的第一件事情，就是啼哭。啼哭是黎明的揭晓。

在右右还未满月时，他的啼哭让我无法睡眠。所以那时就想，要孩子是给自己添麻烦。这种想法很单纯，只是就事论事而已。我知道，啼哭是孩子与这个世界最有效的沟通方式，也是最本能的。这种啼哭，不是悲伤，不是疼痛，而是需求，甚至喜悦都可以用啼哭来表达。

我记不得我最初的啼哭了。有记忆的啼哭，一般是打架输了的时候，至于因为疼痛，好像还没有哭过，委屈的时候也倒是哭过，主要是因受到了父母的呵斥。长大后，只有哭没有啼了，默然流泪，绝大部分是因为心里的感动。上小学时，老师体罚比较狠，一条皮鞭来来回回就潸然泪下了，很多时候也有挤眼泪的成分，为的是博取一份同情。说实话，人在少年以前，不缺的就是这个东西。

孩子的啼哭，我发现很多时候是干哭无泪，嘴张得黑洞大，就是不见泪下来。看来泪和哭没有任何必然的联系，就像感动的泪水，根本不需要哭的唤醒，就悄然而至了。

初为人父人母，是伴随着孩子的啼哭成熟的，所以对啼哭习以为常了，也就感觉不到啼哭带给宁静世界的新鲜了。自从孩子光屁股睡觉起，总能听到他半夜的啼哭声。早前啼哭的原因是或饥或饿或尿，再后来啼哭就是尿尿前的铃声了，把完尿，哭声也就戛然而止，然后他又沉静地睡去了。这样的啼哭也是没有泪水的。

每天中午吃过饭，孩子要睡觉，多数情况下也是啼哭，摸住规律了，便知道他是瞌睡了。晚上睡觉的时候，也要啼哭一阵子，到现在我还没发现他自己主动地睡过觉，都是别人哄着他睡。早晨起来的时候也是如此，一翻身就是哭，找妈妈。

其他时间的啼哭，基本上是因他想要的没被满足。对于这些，有的可以满足他，有的不可以，不可以的时候，就让他自行哭闹去，哭闹一阵子也就没事了。这样的哭闹一般伴随着撒泼，比如扔东西、躺在地上打滚等。其实这是他在用哭声来做商量，行还是不行？按我的处理方式来说，哭也不行。

我也试过一招，他哭，我也装模作样地哭，他反而不哭了。和一个年幼的孩子讲所谓的道理，往往是行不通的，因为他的一切行为是来源于好奇或是本能。好奇的兴奋没有退去的时候，他是不会散罢甘休的。好在他对任何一个事物的好奇都不会持久，所以哭闹也不断。这个不断的哭闹，我估计得延续到五六岁，只是哭闹的含义在不断地变化着。

再长大些，他的哭闹也就烟消云散了。我们倒是省心了，但似乎却又少了些单调。这种单调是因孩子哭声的单纯，当然这种单调也并非源自于它的美妙。

孩子真能哭闹，我在抱怨的同时，也是一种珍惜。现在不像过去了，孩子接二连三，哭闹不止。现在一个孩子停止哭闹了，再等到哭闹，就是孙子辈了，那时也就日暮渐晚了。那时孩子的哭闹映照在心间，又会是一幕幕什么样子的风景呢？

胜日寻芳泗水滨，无边光影一时新吧。

家长的素质

写出这个题目的时候，能料想到很多人的不悦，但我还是要表达一下我“深刻”的认识。

六年前，其实我已经在着手写一本教育随笔了，起名为《无耻的中国父母》，文章断断续续写了一些，至今没有收尾，原因很多。阅过部分章节的人，大多数都坐不住了，原因是不能正视自己存在的问题。我身边有很多案例，其实每个人都有类似的问题，但都只是在用沉默延缓着麻木。

二十一世纪初，中国的学生风起云涌般地选择出去留学，十多年过去了，似乎有一些人开始反省了。留学的有从小学开始的，大部分是从中学走的，少部分是在国内读完本科走的，还有的是读了硕士再去读博士的。相对而言，后两者就理性很多。

我在二十世纪末，连续三年考取大学，后来逐一放弃。这算是个创举，估计也是前无古人后无来者了。为什么放弃？根本的原因是，认识到大学并不能给予我什么东西。而连续考三次，说明我最初对大学还是抱有一丝期望与幻想的，直到最后彻底破灭。

有几个案例，我做一下铺排。

一个朋友的女儿读完初中，高中上了没多长时间就去了加拿大。什么学校记不清楚了，也无心去记。其每年的花费大约是三十万。姑娘长得水灵、可爱、骄人，在父母的眼中是“天子骄子”。其每年假期回来，大手笔的开销令人咂舌。这很大程度上是中了“儿穷养，女富养”的邪。现今姑娘毕业了，也待业，精神空虚，百般无聊。这是阿斗之一。

另一个朋友的儿子上大学，是搬门子弄窗子进去的。混了四年，全靠钱说话，负笈英伦。每年有假期，我也能见到。回来度假，天天醉酒而归，花钱以本为单位，与甲乙丙丁谈着恋爱，游刃有余，又满腹痛怅。马上要毕业了，其父大致安排是进政府机关，其叔为一市委书记，黄金大道一条。依我看，这是阿斗之二。

还有一个朋友的儿子高中没考上，远赴新加坡，读了五年或是六年，花费也是可观。回国后就业，在北京，月薪勉强够租房子。最后没办法，只能弄回身边。人们大呼，投入产出不成比例啊。这是阿斗之三。

其实还有阿斗之五六七八九十，铺排下去没有多大意义。我可以想见这些阿斗们的未来，他们的父母更是抑郁满怀。表面听起来是“海龟”，值得炫耀，很多人明白了，也就收敛了一些炫耀。接受教育的目的是什么？这些人没有一个弄清楚的。这些孩子在异国他乡做了什么，只有他们自己清楚，父母只是给予钱财的简单输送。

我以为，如果一切的教育以功利为出发点，那么没有几个是可以有收益的。即使有收益的，也可归为暴发户。健全人格的塑造才是教育的核心要义，其他的那是自己不断努力的结果，最根本的是要顺其自然。“其”便是以人格、身心为基础的，没有这个基础，其他皆难有收获。这个“其”的导向，很大程度上是父母给予的。以此来衡量，绝大多数的父母是不过关的，素质太乏。阿斗之所以层出不穷，是“基因”“源头”所致，但很少有人可以正视这个问题，并且他们会把这个问题的症结推给社会。

我曾经见过一些所谓有成就的人，满嘴粗话，作风恶劣，飞扬跋扈。他们说，这样只是在特定场合下的表现，回了家截然不同。这话，我从来不信。有了劣根，不管怎么掩饰，还是会有所流露，而孩子们就是在这不经意间的流露下耳濡目染成长起来的。身子不正影已斜，这是阿斗们得以产生的自然环境。

老师闲谈

过去叫老师，一般只局限在学校里的教师这个人群，现在不一样了，几乎什么人都可称呼为老师，尤其是搞文化艺术的。这能与文化艺术沾边的就多了，似乎什么都有文化的成分，修鞋的、颠大勺的、说相声的、唱歌的、绘画的、摄影的、美容的、搞主持的、播音的、拿张纸算命的，文化部门看门的、扫地的、当保安的，等等，人们似乎顺口就是老师。我曾在澡堂子里洗澡，搓背的会说领导长领导短，我躺在上面感觉不舒服，就想，他们来了客人一律叫老师不是很好吗？这说明现在的老师叫烂了，所以听到老师这个称谓我就浑身不舒服。有一次喝酒，遇到一个比我年长的哥们，我端起杯子称其某兄，该兄似乎表情木讷，热情不起来。于是我又端着杯子敬酒，结果还是如此。等喝多了再敬，就有所改变了。他说，兄是这么叫的吗？我诧异，叫叔吗？他说怎么能叫叔。我惊愕，那叫什么？他说，叫我老师，我老婆都叫我老师，何况你们？旁边另一兄长打趣说，他是好为人师的，你就叫他老师吧。我欲言又止，因为对这个称呼说实话心里有顾虑，我不会轻易叫人老师的，我感觉能与老师这个称谓相对应的人不多，并且我对老师的概念还局限在学校里。

之后上网查了一下是这样解释的：老师，尊称传授文化、技术的人，泛指在某方面值得学习的人。老师一词最初指年老资深的学者，后来把教学生的人也称为老师。《师说》中说："师者，所以传道受业解惑也。"按此，那值得学习的人有很多，我不做表态。还回到那位愿意被人称为老师的老兄，他原来是一个杂志的主编，感觉不含糊。其老婆之所以叫他老师，是因为他们是隔两代的婚姻关系，在她叫他老师时他已有家室，之后眉来眼去，成了夫妻。虽然成了老公，但改口就不顺了，所以一直呼之为老师。我就想，他们做夫妻那事时也是老师如何，学生如何吗？我有点难以理解。

我更不理解的是，老师这个称谓泛滥的根由是什么呢？这个还不好理清头绪。我认为，水壶时间长了，就得清理水垢，不然水壶既不保温又不盛量，一定时候就得用带有腐蚀性的溶剂清理一下。老师这个称谓现在也类似于一个经年的水壶了，需要正本清源。不要见着什么人都称之为老师，尤其是所谓的文化艺术工作者，留胡子、歪戴帽、卡墨镜、穿透视装的，乐于被人如此称谓的人，更需要清理。老师这个称谓在被推崇的同时，也被大大地玷污了，以致鱼目混杂。

右右将来也会有所谓的老师，但我会让其正确地看待。任何神庙都是可以被推倒的，这取决于我们的认识。